新潮新書

宇佐美典也

USAMI Noriya

逃げられない世代

日本型「先送り」システムの限界

JN230255

771

新潮社

はじめに

この本は、私自身が私の将来を考えるために、これまでの官僚としての、またフリーランスとしての経験を踏まえて、発表されている事実や公式統計・資料に基づいて、これから20~30年かけて日本社会に起きるであろう変化について、特に社会保障と安全保障をめぐる環境に焦点を当てて、書いた本である。

なぜこのような本を書いたかというとそれは簡単で、市場にすでに刊行されている日本の将来について書かれた書籍に、自分が満足いく本がなかったからである。

例えば、与党や政権に近い政治家や学者は「人口減少、少子高齢化が始まっても日本の将来はまだ明るい」「アベノミクスで日本は復活してまた世界に注目され始めている」と過度に楽観的なことを言いがちだし、一方で野党的ポジションにいる人は「日本経済はこのままでは崩壊してハイパーインフレーションになる」「安倍政権は日本をアメリカとともに戦争をする国に変えてしまった」というように不安を煽りがちだし、財政・金融の専門家の学者の言っていることは理詰めで納得はいくが、その結論が私たちの人生に意味するところが不明確だし、安全保障や国際政治の専門家は専門領域が細分化しすぎていてかえって大局が分からなくなるし、という具合でどれも一長一短があって、参考にはなれど、満足するには至らなかった。

私が求めていたのはもっと、中立的で、総合的で、自分の人生との関係が明確なものであったのだが、いずれも著者が背景とする政治勢力や業界のポジショントークが色濃く出すぎていたり、抽象的な総論ばかりで具体論がなかったり、優れた論考であってもあまりにテーマが限定的すぎたり、といった具合で自分の人生の将来を考える上では満足がいかなかった。

スヌーピーのキャラクターで有名な「Peanuts」という漫画に、

If you want something done right, you should do it yourself！

（物事が正しく行われることを望むなら、自分でやりなさい）

という名セリフがあるらしいのだが、この本もご多分に漏れずそうした動機に基づいて書かれることになったものである。その結果として、私の問題意識を反映して、この本には以下のような他の書籍にない特徴を有することになったように思う。

「現在40歳以下のポスト団塊ジュニア世代以降の社会人が、今後我が国でどのような社会的な使命を担うことになるのか」という一貫した問題意識に基づいて、日本の社会が抱えている問題についてまとめられている。詳しくは次の通り。

①著者の元官僚としての経験論的視点である「先送り型の行政システム」という視点から、個別の問題に対する政策官庁や識者の姿勢を評価している

②日本の社会保障と安全保障の問題について、共通の経済的な視点から、問題の所在と、その先送りが行われる政治的構造について分析している

③政治の問題について多々語るものの、その問題の解決を政治に大きく期待しておらず、むしろ日本社会が抱える潜在的な政治的リスクを所与として「我々はどのようなスタンスでキャリア形成を考え社会に参画するべきか」という提言を与えている

この本は以上のような、独自の視点からの分析という意味において、またそれが一定

のクオリティを持って一連のストーリーにまとめられたという意味において、社会に対して提示する価値があるものになったように思う。それもこれも、この本の企画からファクトチェックまで丁寧にお付き合いいただいた新潮社の皆様あってのことなので、この場を借りてお礼を言いたい。漠然とした問題意識しかなかった私の頭の中が、こうして整理され、書籍という形でまとまったことはとても誇らしく、また、嬉しく思う。

ただ結局のところ自分の人生の将来を考えるのは自分自身にしかできないことで、なおかつ個々人の人生のあり方は極めて多様なので、この本も他人から見ればまた満足がいかない本の一つにはなるのであろう。それでも私がこの本を書く前に読んできた数々の書籍や論文のように、この本の内容が皆様の人生の今後を考えるにあたって幾らかでも参考になれば著者としては本望である。

そのようなわけで著者としては、是非ともこの本を手に取った皆様には、読みながら自らの今後の人生のあり方について考えていただきたい。

この本は人生を考える材料としてはとてもいい本である。

この本を書いた私が言うのだから間違いない。

逃げられない世代——日本型「先送り」システムの限界◆目次

はじめに　3

第1章　先送り国家日本の構造と「逃げられない世代」　11

第2章　社会保障の先送り課題について　70

第1章　先送り国家日本の構造と「逃げられない世代」

キャリア官僚から放浪生活へ

どうも宇佐美《うさみ》典也《のりや》と申します。

この本は、近い将来日本社会が確実に直面する避けられない危機・問題について語り、その対応のあり方について模索していくことを目的としていますが、本題に入る前にまず少しばかり私という人間の自己紹介とこの本を書くに至った経緯などについてお話ししたいと思います。

「そんな話はどうでもいい、さっさと本題に入れ！」とおっしゃりたい方もいるかもしれませんが、これから私がこの本で語っていく内容は、大なり小なり語り手である私の人生経験や思想とも関連してくることになりますので、本を閉じるのを今少し我慢して、お付き合いください。

私は１９８１年生まれの30代後半の男です。生まれは東京で、地元の公立の小学校に通い、中学受験を経て暁星学園というそれなりに名門の中高一貫校に通い、一浪を経て東京大学文科２類に入学しました。その後東京大学の経済学部に進学して、２００５年に国家公務員Ⅰ種試験（現・総合職試験）に合格し経済産業省にいわゆる「キャリア官僚」として入省します。自分で言うのもなんですが、ここまでは絵に描いたようなエリートコースですね。ただ２０１２年９月に経済産業省を退職して、数年間の放浪生活を経て現在はフリーランスとして生きる日々を送っています。

具体的には、再生可能エネルギーの制度利用や日本への投資を検討する外国企業の政府に対するロビイングなどのコンサルティング業務を請け負いつつ、各種メディアで政治に関する論評をするなど、外部から政治を見る立場になっています。官僚として政府を内側から見ていたのが７年半、退職して外側から政府を見るようになって５年半が過ぎた、といったところですかね。

私が入省した経済産業省というのは不思議な省庁で、「霞が関内野党」「喧嘩官庁」、といった異名を持ち、年がら年中政治家や企業とタッグを組んで他省庁の所管分野や私企業の経営にまで踏み込んで改革を迫るというような仕事をしている省庁です。設置の根拠となっている経済産業省設置法という法律には、その任務について「民間の経済活力の向上及び対外経済関係の円滑な発展を中心とする経済及び産業の発展並びに鉱物資源及びエネルギーの安定的かつ効率的な供給の確保を図ること」という全くもって抽象的なことが書かれているため、「経済及び産業の発展」を名目に好き勝手やっているといったところでしょうか。

最近の例を挙げると、現在の安倍政権は陰では「経産省内閣」と呼ばれており、安倍総理周辺で仕える経済産業省出身の官僚たちが、安倍総理に吹き込んで本来財務省の所管分野である法人税の引き下げを仕掛けたり、「働き方改革」という名の下で本来厚生労働省の所管分野である長期労働の是正を産業界に促してプレミアムフライデーなるものを広めようとしたり（どうやら失敗に終わりそうですが）、国家ファンドを作って電力業界やディスプレイ業界に資本を注入して業界再編を促したり、と相変わらず活発に動き回っているようです。

経済学の原則では「政府は、私企業では提供できない警察や防衛などの公共サービスの提供、所得の再分配による国民福祉の充実、公共事業による経済の安定化、などに役割を限定すべき」とされており、私自身が経済学部出身ということもあり入省前から常々「このような官庁が果たして日本に必要なのか」という疑問を抱いていました。

実際、官の立場なのか民の立場なのかすらはっきりしない中途半端な省庁が資本主義社会であるはずの日本に本当に必要なのかどうかは議論が分かれるところですが、現実に経済産業省がこれだけ動き回って役割を見つけられるということは、なにがしかの合理的な意味合いがあるのだろうと思います。

そんなわけで経済産業省の会議室では「○○省のあの制度はおかしいから、俺たちが踏み込んで変えさせてしまおう」とか「あの業界は過当競争に陥っているから業界再編させてしまおう」だとかいった大掛かりな陰謀（？）が常に進められているので、他省庁からは「経産省がまた変なことを考えているのではないか。いい加減にしてほしい」と警戒され忌み嫌われているのですが、学生時分の私は「そんな一風変わった官庁だからこそ、少子高齢化や成長産業不在で閉塞した日本の現状を変えられるかもしれない」と考え、経済産業省を志望し、幸運にも採用試験を無事通過して、一経産官僚として働くようになりました。

経産省内からの「改革」

そうして私は経済産業省の中で仕事として農業への企業参入促進や半導体業界の再編などの「改革」に取り組むことになったのですが、そうした「改革」にやりがいを感じつつもそのうち外からは見えなかった「内部からの改革」というものの限界を強く感じるようになりました。

確かに経済産業省は霞が関内では相対的に現状を変更することを目指す勢力であったことは間違いなかったのですが、経済産業省も政府内にある以上、政策を実行する際には他省庁や政治家を支える既得権益と折り合いをつける必要があります。そうすると必然的に実行される「改革」というのは常に他省庁と調整がつく範囲の小ぶりなものにならざるを得ません。

考えてみれば当たり前の話なのですが、経済産業省に過剰な幻想を抱いていた私は、「結局政府内の立場では小手先の制度改正は実現できても、過去の政策の否定につながるような抜本的な改革はできない」ということに入省して5～6年目の2010～11年ごろにようやく気付きました。今振り返ってみると当時の私は世間知らずのおぼっちゃんでしたね。

他方で官庁内部から見える日本の現状というのは「末期症状の一歩手前の小康状態」

とでもいうべき状況でしたから、「官僚になって膨大な財政赤字が慢性化し持続性が危ぶまれる日本政府の改革を進め、21世紀の政府のあり方を設計したい」などという身の丈に合わぬ青雲の志を持って入省した私は自分の理想と現実のギャップに苦しむことになりました。当時の私は毎日このように悩んでいました。

「このまま官僚として自分が働き続けても日本政府、ひいては日本社会の破綻を食い止めることは絶対にできないだろう。それでも官僚として目の前の制度改正を繰り返すことで問題を先送りすることには役立つことができるだろう。そしてそれはそれで価値のある仕事なのかもしれない。自分はこのまま官僚を続けるべきなのか、それとも辞めて新しい道を見つけるべきなのだろうか」

なぜ若手レポートは世に出たか

こうした悩みは私に限らず経済産業省の若手官僚の多くが抱えていたようで、それが形になって表に出てきたのが2017年5月に発表された「不安な個人、立ちすくむ国家～モデル無き時代をどう前向きに生き抜くか～」という題名の物議を醸したレポートでした。

このレポートは経済産業省の役人のトップである事務次官とちょうど私と同年代の若手官僚数名のプロジェクトチームで作成されたものなのですが、率直に言ってその内容が既存の制度の枠組みを根本的に否定するものであったので随所で話題となりました。詳細な説明はここでは割愛しますが、その問題意識を端的にまとめますと次のようなものになります。

「21世紀になって組織中心の社会から個人中心の社会に移りつつある中で、『男性は正社員として年功序列・長期雇用環境下で定年まで会社で働き、女性は専業主婦として家庭を支える。そして定年後は退職金と夫婦の年金収入で余生を過ごす』という『昭和型の標準的な人生』というものが崩壊してきている。それにもかかわらず日本のあらゆる制度はこの『昭和型の標準的な人生』をモデルに設計されてしまったため、社会の変化に対応できなくなってきており、結果として社会の土台が液状化しつつある中で不安を抱える個人、その個人の集まりである組織が挑戦できずに立ちすくんでいるのが日本の現状である」

こうした指摘は別に目新しいものではなく10年以上前からいわゆる有識者とされる方々が言い続けてきたことなのですが、それを既得権益の代表とでもいえる中央官庁職

図1 「昭和の人生すごろく」の崩壊

1950年代生まれ→1980年代生まれの変化（推計含む）

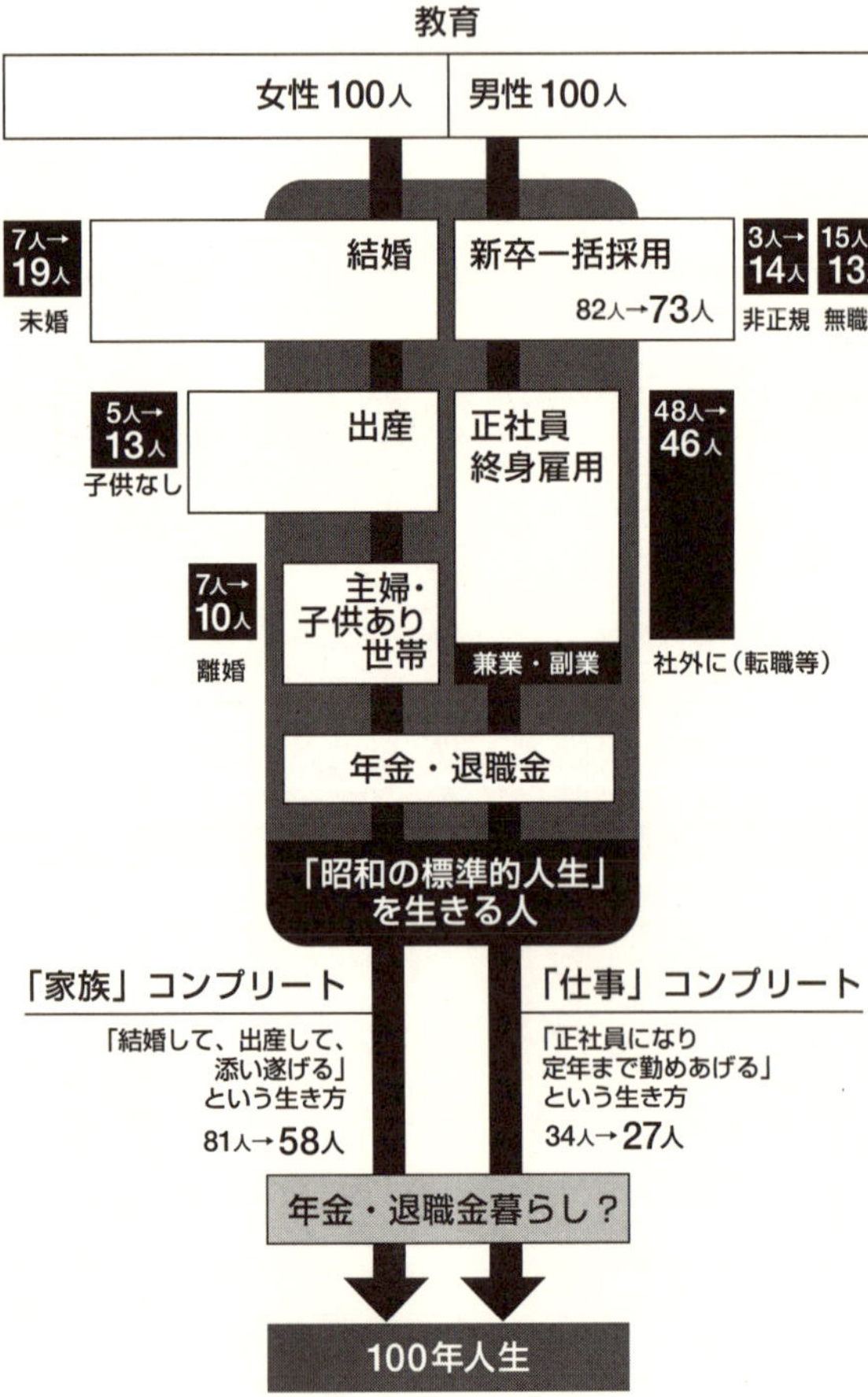

員が言い出したことが世間に驚きをもって迎えられたようです。彼らは今後の政策の方向性の提言として、

「従来の延長線上で個別制度を少しずつ手直しするのではなく、今こそ、社会の仕組みを新しい価値観に基づいて抜本的に組み替える時期に来ているのではないか」

とパラダイムシフトを宣言した上で三つの柱をあげています。

①一律に年齢で「高齢者＝弱者」とみなす社会保障をやめ、働ける限り貢献する社会へ
②子どもや教育への投資を財政における最優先課題に
③「公」の課題を全て官が担うのではなく、意欲と能力ある個人が担い手に

先ほど述べたように率直に言って中央官庁の官僚とはいえ政府内部のサラリーマンに過ぎない彼らが、こんな大胆な政策転換を実行できるはずなどないのですが、そうした現実は彼らとて十分に承知しているはずで、それでもこうしたレポートを出したことは、経済産業省内部の若手官僚の苦悩が如何に深いかを示す証拠といってもよく、このレポートはある種の若手の不満の〝ガス抜き〟だったとも言えるでしょう。

「明るい未来が一切見えない」

私は官僚を辞めて転職するわけでもなく、政府を激しく批判しているというわけでもなく、独立して生計を立てて情報発信しているという珍しい立場なこともあって、定期的に若手の官僚たちからの行き場のない相談を受けることがあるのですが、こうした政府の将来に対する危機感は経済産業省職員に限った話ではなく、他の省庁でも違う形で共有されていたものであることを感じる機会が最近増えています。

先日同世代のある厚生労働省の官僚から数年ぶりに連絡があり久しぶりに会うことにしたのですが、そこで彼が今にも泣き出しそうな顔をしながら語ったのは「もう厚生労働省には明るい未来が一切見えない。省として抱える課題が重過ぎて、考えることすら組織として放棄しつつある。ただ皆必死に目の前の政治的課題をこなして先送りする、ということを繰り返している。もう組織としても個人としてもこの組織には希望が持てない。ちょうどこの前ヘッドハンティングにあったので、せめて個人の人生を充実させるため待遇がよい民間企業で人生をやり直す」ということでした。

別にそんなことをとっくに官庁を辞めた私に言いにくる理由などないのですが、彼は厚生労働行政に思い入れが強い骨のある真面目な職員だったので、そのような悲観的な結論を自分が出さざるを得ないことに忸怩たる思いがあり、誰かに聞いて欲しかったのでしょう。実際彼は数ヶ月後にとある民間企業に転職していきました。

他にも印象深かった話として、某省から国会議員へと転身した元官僚が「崩壊の危機に瀕している地方経済・行政を立て直すには官僚では限界があると思って政治家になったが、むしろ今自分は官僚時代よりさらに既得権益の側の立場になってしまった」と嘆いており、「政治家という立場になってもやることは変わらないのだな」と問題の根深さを感じたことがありました。

少し脱線が長くなりましたが私の話に戻しますと、私自身の選択としては「日本の将来の課題を解決するための改革を目指して公職についても結局は既得権益に取り込まれてしまう」というジレンマを解消する方法として、前述の通り２０１２年９月に経済産業省を退職する道を選びました。

ただ官僚を辞めたからといって、日本社会の将来に絶望して自分自身のキャリアを充実することに専念して政治と距離を置いてしまう気にもなれず、だからといってすぐ政治家になって無理筋な改革に挑もうという気にもなれず、「とりあえず日本社会に希望があるのかないのか、独立してフリーランスとして働きながら広い世の中を見てしばらく考えてみる」という道を選ぶことにしました。官僚らしく人生の本当の決断を「先送り」したわけですね。今この本を書いているのが２０１８年５月ですから独立してから概ね5年半ということになります。

現在の私は前述の通り、太陽光発電の開発や企業の政府に対するロビイングのコンサルティングを主業としながら、政治をテーマとした記事の連載やメディア出演を副業としているのですが、立場を変えたことでこの5年半はそのまま官僚を続けていたら決して味わえないような経験をたくさんすることができました。

退職当初は「どうして官僚やめちゃったの。今まで公務しかやってこなかった君にビジネスで稼げるスキルなんてないし、もっと言えば官僚やめた君に価値なんてないよ」などと人に馬鹿にされ仕事もない、他人にご飯を奢ってもらうような貧乏生活が続いたのですが、仕方がないのであてもなく放浪して、たまに知り合いから紹介される仕事をこなして日銭を稼いで、本を読んでブログを書きつづけているうちに、ブログに人気が出て私自身に興味を持ってくださる奇特な経営者が現れました。そうした方々から太陽光発電に関する制度調査の仕事をいただくようになり、それを起点に太陽光発電業界のバブルに乗ることに成功して稼ぎが官僚時代の数倍になって調子に乗っていた時期もあったのですが、すると今度はトラブルに巻き込まれて大きな損失を出して処理に追われたり、といった具合です。

いずれも世間から見ればそう大した経験ではないかもしれませんが、官僚として決められたレールの上のまさに「昭和型の標準的な人生」を歩んでいては、決して味わえない経験ばかりで「官僚時代の自分は本当に〝社会の上澄み〟しか見ていなかったのに、それが日本全体と思い込んでいたのだな」と痛感させられました。

こうして自分なりに日本社会のあり方というものを模索する日々を過ごすうちに私の考えには大きな変化が生まれてくるようになりました。

問題はどこにあるのか

ここまで読んでくださった方はわかると思いますが、官僚時代の私というものは上から社会を見て「改革すれば日本は良くなる」というある種の「改革幻想」に囚われていました。そして「改革ができない日本」、ひいては「いずれ必要になる改革に反対・抵抗する国民のあり方」に問題意識をもっていました。振り返ってみればこれは、民主主義社会を否定しかねない驕った考えだったような気がします。

そして「改革」が進まない苛立ちから官僚という立場を離れて、フリーランスとして働き始めたのですが、いざ自分がバカにしていた一国民の立場に立ってみると、自らの無能さを思い知らされ赤の他人の優しさに救われる日々で、生活の糧を得ることはいかに厳しいかを体感し、頂いた制度調査のコンサルティングをする中で、制度の安定というものが全てのビジネス・生活の根本となっていることを痛感しました。

このような体験を経て私は日本社会の問題は「改革に抵抗する国民や既得権益」にあるのではなく、むしろ日本社会に大きな問題があることそのものを覆い隠し「先送り」を続ける国会や行政の構造にあるのではないか、と考えるようになりました。

「改革」というのは制度を急速に政府の都合で変えてしまう、国民の生活を破壊しかねない行動です。そのような手法に頼らずとも、問題の所在さえわかれば、自ら対策を考え時間をかけて生活スタイルを変え、少しずつ問題に対応していく勤勉さ・優秀さを日本国民はもっているはずです。

それにもかかわらず、国会・行政が「政治のことは私たちに任せてください」と日本社会の問題の所在をきちんと国民に伝えていないがために、国民は政治への参加を阻まれ、本当に必要な対策が取られなくなっているのではないか、そう１８０度考えを転換しました。

思えば私は官僚時代に国会答弁を多数書きましたが、その内容のほとんどは野党の質問に真っ向から答えるというより「どのように問題を問題と思わせないか」というごまかしの発想に立っていました。当時は野党の攻勢から逃れるためそれが当たり前と思っていましたが、それでは日本社会を取り巻く本当の問題が世の中に伝わるはずがなく、官僚がそのようなスタンスで政治と向き合わざるを得ない政治の構造こそが最も大きな問題ではないか、いまではそう考えるようになったのです。

そしてそう考えるに至った時に、今私にできることは何か、というと、やはり私から見た日本の国会・行政の問題をありのままに伝えることではないか、と思い筆を取らせていただいた次第です。

そんなわけでこの本は私が官僚として、フリーランスとして、計13年かけて政府を見続けてきた中で感じた、日本の政治、ひいては日本社会に関する問題をまとめてありのままみなさんと共有し、その対策のあり方を考えるための本ということになります。ある種ありきたりのテーマではありますが、政府内外で政治を見てきた立場だからこそ、また30代という年齢だからこそ、またイデオロギーなく問題の所在をありのままに伝えようとするスタンスだからこそ、得られる視点がきっと、あるのだろうと信じて執筆させていただきました。それでは前置きが長くなりましたが、いよいよ次項から本題に入らせていただきます。

「わかっているけど、対策は打たない」

今の日本は内政・外交問わず戦後かつてないほどの大きな課題を数多く抱えています。内政問題としては、1000兆円を超えるほど政府部門の財政赤字が膨らんでしまい、年金・介護・医療といった社会保障制度が超少子高齢化で持続可能性が危ぶまれ、人口減少で労働力不足や経済縮小が懸念され、また、福島第一原発を皮切りに原子力発電の廃炉という長期国家プロジェクトが始まっています。

外交的には、北朝鮮が核ミサイルの開発に成功しつつあり、拡大する中国が着々と太平洋進出に向けて軍備拡張を続け日本に対する圧力を強めており、一方でこれまで政治経済を通して日本の最大のパートナーであり続けてきたアメリカでは保護主義が芽生えつつあり、と環境の変化が相次いでおり、日本としてこのような変化の中でどのように国際社会の中でポジションを再定義するか選択を迫られています。まさに前途多難といった具合です。

繰り返しになりますが本書の目的は、こうした日本社会に立ちはだかる国家的な問題について、我々はどのように解釈して、どのように対策を取り、混乱の時代の中でもどのように幸せに生き抜いていくべきなのか、を考えていくことです。個別のテーマについては後々の章で述べていくことになるわけですが、この第1章ではまず全ての課題に共通するテーマとして、日本の政治・行政機関の性質、構造について私の経験も含めて語っていきたいと思います。

言うまでもなく以上述べたような長期的な国家的課題に一人一人が直接対峙して解決することは到底不可能ですから、国民としては一義的には政治家や官僚が危機を未然に防ぐことに期待せざるを得ない立場にあります。それにもかかわらず、何らかの理由で肝心の国会や行政の仕組みが機能不全に陥っているとなれば、我々としても自分の生活を守るために独自の対策を考えていく必要がありますからね。

では「現在こうした長期的な課題について政治家や官僚は責任をもって戦略的に対処しているのか？」というと、結論から言えばその答えは「ＮＯ」ということになります。

こう言うと「日本政府はそんなに無責任だったのか、けしからん」とお怒りになる方も多いかもしれませんが、冷静に考えると、これまで政府として長期的な課題に対する備えが十分にできてこなかったからこそ今問題が噴出しているわけで、ある意味で当たり前の話ではあります。例えば、後述するように社会保障財政が将来的に悪化することなどは低出生率が定着した1990年代にはすでに十分予測されていました。2000年から03年にかけて大蔵・財務省の事務次官を務めた武藤敏郎氏は退職後のインタビューで次のように述べています。

「実を言うと、1990年代の後半、財務省で社会保障制度などを担当していたころから、『中福祉・中負担』はウソっぽいな、と感じ始めていました。日本の高齢化率は80年代から急速に高まりました。65歳以上の高齢者の比率が7%以上を『高齢化社会』といい、14%を超えると『高齢社会』、さらに21%を超えると『超高齢社会』と呼びます。日本が高齢化社会になったのは1970年、高齢社会になったのは94年、超高齢社会になったのは2007年です。政治家が『中福祉・中負担』の国家、と言いたい気持ちはよくわかりますが、高齢化がこれだけ急速に進むもとでは日本の国の姿として『中福祉・中負担は組み合わせとしてはあり得ない』『中福祉・中負担は幻想ではないか』と思い始めました」（『逆説の日本経済論』斎藤史郎編著、ＰＨＰ研究所刊）

このように現在の社会保障財政の悪化を財務省のトップがかなり前から予測していたことは本人も認めています。それにもかかわらず、その対策のために増税したり給付を減らしたりすることは国民の受けが悪いため問題がながらく放置され、２０００年代に入って遅まきながら対策を講じたところで間に合わず現在のような年間数十兆円規模の赤字を垂れ流すような状況になってしまいました。

問題は分かっていたのに対策は取られなかったのです。

このような長期展望がない状態は今でも続いており、日本政府には累積で８００兆円を超える長期国債がありますが、これだけ政府の借金が積み上がっていても、将来的な財政政策のあり方については長期方針が示されていません。これでは状況が悪化するばかりです。そこで本書ではまず「なぜ日本の政治は長期的な課題に対して無責任になってしまうのか」ということについて考えるところから始めてみたいと思います。

図2　平成以降の衆議院議員の任期

解散年月日	解散時の内閣	任　期
1990年1月24日	海部内閣（第一次）	3年6ヶ月
1993年6月18日	宮澤内閣	3年4ヶ月
1996年9月27日	橋本内閣（第一次）	3年2ヶ月
2000年6月2日	森内閣（第一次）	3年7ヶ月
2003年10月10日	小泉内閣（第一次・第二次改造）	3年3ヶ月
2005年8月8日	小泉内閣（第二次・改造）	1年9ヶ月
2009年7月21日	麻生内閣	3年10ヶ月
2012年11月16日	野田内閣（第三次改造）	3年2ヶ月
2014年11月21日	安倍内閣（第二次・改造）	1年11ヶ月
2017年9月28日	安倍内閣（第三次・第三次改造）	2年9ヶ月

短期志向にしかなれない政治家

国政について責任を持つのは一義的には国民から選挙で選ばれ政治を預かる立場の与党の国会議員です。今の日本ならば自民党と公明党の国会議員ということですね。

そこでまずは国会議員の事情について見てみましょう。図2は平成に入って以降の衆議院議員の任期をまとめたものですが、衆議院の解散から次の解散まで期間は一番短くて1年9ヶ月、最も長くて3年10ヶ月で、概ね平均3年程度となっています。

そのため国会議員、少なくとも衆議院議員の政策的視点というのは、どうしても2〜3年を見据えた短期的なものになってしまいます。国会議員というのは選挙に落ちてしまえば職業的に潰しの効かないただの人以下の存在ですから、必然的にその政治活動は次の選挙を意識したものにならざるを得ません。政治家個人は「国家百年の計」を考えたくとも、目先の票の確保のためにはそれが許されないのが日本の衆議院という場です。

例えば財政赤字の改善のためには高齢者の社会保障の負担を増加せざるを得ないのは政治関係者の衆目の一致するところです。しかしながら、いざそれを実施しようとすると野党から「高齢者いじめ」と批判され、高齢者層から激しい反発が生じて選挙で不利になるため大胆な制度改革は実行できず、必要最小限の小幅な制度改正を繰り返しながら問題を先送りしていくのが日本の政治の常となってきました。

この点、衆議院と対をなす参議院では、議員は6年間の任期を保障されています。明示はしていませんが日本国憲法は参議院を、短期的な政局に左右されない党派性を排した中長期的な視点を持った議論がなされる「良識の府」として制度設計したと言えるでしょう。しかし残念ながら、日本では政党という枠組みの中で衆議院と参議院が一体化してしまっています。そのため本来は政局と一線を画して政策ベースの議論が行われなければならないはずの参議院は、衆議院との役割の違いがはっきりしなくなり、「参議院は衆議院のカーボンコピー」と揶揄され、しばしば政局を混乱させる要因になることすらあります。

その問題が顕著に現れる例がいわゆる「ねじれ国会」で、衆議院と参議院とで与党と野党の勢力が異なることで政府提出の予算・法案の成立が難しくなり、政権の運営が停滞してしまう状況です。政権交代前の自民党政権、民主党政権がねじれ国会によって政治的に追い込まれたのはみなさんの記憶にも新しいところでしょう。本来、政局に左右されず長期的な検討をする場であるはずの参議院が、逆に政局の場になってしまったのです。

こうした参議院の問題は政治家自身も自覚しており、2005年3月9日に参議院憲法調査会に設置された「二院制と参議院の在り方に関する小委員会」による小委員長報告では以下のように述べられています。

「本小委員会としては、次の諸点について共通認識が得られました。
一、二院制を堅持する。（四十二条関係）
二、両院の違いを明確にするため、参議院の改革は今後とも必要であり、また、選挙制度の設計が極めて重要である。
三、参議院議員の直接選挙制は維持すべきである。（四十三条関係）
四、参議院は自らの特性を生かして衆議院とは異なる役割を果たすべきである。「独自性を発揮すべき具体的分野等」に記した事項のうち、長期的・基本的な政策課題への取組、決算審査及び行政監視・政策評価の充実など。（九十条関係）
五、現行憲法の衆議院の優越規定はおおむね妥当である。したがって、両院不一致の場合の再議決要件の緩和には慎重であるべきである。（五十九条、六十条、六十一条、六十七条関係）
　また、今後積極的に検討すべき問題として次の諸点が残りました。
一、参議院と政党との関係。（党議拘束の緩和、参議院から閣僚を出すことを含む）
二、参議院の構成・選挙制度。（四十七条関係）
三、会期制。（五十二条、五十三条関係）
四、予算、特定の条約・法案等の参議院における審議の簡略化。（五十九条、六十条、六十一条関係）
五、「独自性を発揮すべき具体的分野等」に記した事項のうち、会計検査院の位置付

け、同意人事案件、司法府との関係、国と地方の調整、憲法解釈機能・違憲審査的機能など。（九十条、八十一条関係）

これらの課題について、今後も引き続き真摯な検討がなされることを望むものであります。

以上、御報告申し上げます。」

ここに書いてあることはいたって正論であるのですが、実際に参議院でこうした改革を実施するには憲法改正や大胆な選挙制度改正が必要で、13年以上経ったいまでもほとんど改革が進んでおらず、問題は放置されたままになっています。国会という国権の最高機関の大本でこのように「問題は分かっているのに対策はとられていない」という状況が起きているのは非常に残念なことですが、それが個別の政策にも反映されてしまっていると私は考えています。

異動を繰り返す官僚

政治を引っ張る与党議員がこのように短期志向になってしまっている以上、せめて実

図３　菅原郁郎元経済産業事務次官の異動遍歴

管理職就任以降

1997年5月	石油公団ワシントン事務所長
2000年6月	通産省生活産業局サービス産業課長
2001年1月	経済産業省商務情報政策局サービス産業課長
2002年7月	経産省大臣官房政策審議室長
2004年6月	資源エネルギー庁電力・ガス事務部政策課長
2006年4月	経産省大臣官房政策審議室長
2006年7月	経産省大臣官房会計課長
2007年7月	経産省大臣官房総務課長
2007年9月	福田康夫内閣総理大臣秘書官
2008年9月	経産省大臣官房政策評価審議官
2010年7月	経産省産業技術環境局局長
2012年9月	経産省経済産業政策局長
2015年7月	経済産業事務次官
2017年7月	退官

1ポストあたり在職期間は 1～2 年

務を預かる行政、官僚側が長期的な視点をもって政策立案に取り組まなければならなくなってきます。その意味では官僚は公務員で選挙と関係なく雇用が安定していますから、国会議員に比べれば腰を据えて長期的なスパンの政策立案ができるはずの存在です。しかしながら官僚の側にもそうはいかない事情があります。それは人事制度です。

　日本の中央官庁は内部昇進を前提とした年功序列型の長期雇用制度を取っているので異動のスパンが短くなり、課長補佐以下は2～3年、課長以上の幹部級は1～2年ごとの異動で部署が頻繁に変わってしまうという特徴があります。

また組織がピラミッド型の構造になっているため幹部ポストほど少なくなり数が限られてしまうので、人事の停滞を避けるため幹部ポストは一人当たりの在籍期間をますます短くして回転率を高くする必要が出てきます。抽象的なことを言っても分かりづらいので、一例として私がかつて勤めていた経済産業省の官僚のトップである経済産業事務次官であった菅原郁郎《すがわらいくろう》氏の管理職就任以降の経歴を見てみましょう。

図3のように菅原元次官は様々な局にわたって異動を繰り返し、一ポストあたりの在職期間は1〜2年となっています。もちろんこれは一例に過ぎず、業務の継続性を担保するため長い場合は一職員が3年程度同じポストで管理職を続けることもありますが、それは珍しい例です。

このように責任者たる管理職ポストの在任期間が非常に短いため、日本の官僚はたとえ担当分野に何らかの長期的な課題やリスク要因があったとしても、その抜本的な対策となる長期的な政策の立案に取り組むことは困難になります。そのため短期志向の政治の要請を踏まえた上で、せいぜい2〜3年で実現できる対症療法的政策の立案をすることが基本的な姿勢となります。そうして任期が来れば後任に引き継がれることになり、その後任もまた問題がある限り対症療法的政策を立案してまた後任に引き継ぐ、ということが繰り返されていきます。これが官僚側のいわゆる「先送り」の構造です。

このように日本の政治は基本的には「目の前の選挙への対策を求める政治家と、そうした政治家の要請を満たしつつ対症療法的政策を実行して問題を先送りする官僚」という2～3年間の「先送りの連鎖」が行われる構造になっています。こう言うと読者の方の中には「そんな無責任に先送りばかりしていたら問題は解決しないじゃないか！」と怒りを覚える方もいらっしゃるかもしれませんし、実際私も官僚になる前はそう思っていましたが、それは必ずしも正しくありません。

経済が成長して活力が溢れているような環境下では、官僚が問題を先送りして時間を作っているうちに、民間側が社会のダイナミズムの中で思いもよらない形で問題を解決してしまうことが多々あるからです。

陳腐な例になりますが、野球やサッカーなどのチームスポーツでは、問題山積みのチームでもなんとか勝ち続けているうちに、個々の選手のスキル向上やチームとしての連携が深まることで選手が自律的に問題を解決していってしまうようなことが多々ありますが、それに近いと言ってもいいかもしれません。

「先送り」が効いた時代

こうした「日本政府の先送り政策の効用」は経営学の世界的な大家であるP・F・ドラッカーも指摘し高く評価していることで、著書『ネクスト・ソサエティ』（ダイヤモンド社）で詳細に述べています。少し長くなりますが引用します。

「（日本のエリート指導層の）最初の成功は、農村部の非生産的な人口という戦後日本の最大の問題を、何もしないことによって解決したことだった。今日の日本の農業人口は、アメリカとほぼ同じ二、三％である。ところが一九五〇年には、アメリカでは二〇％、日本では六〇％を占めていた。特に日本の農業の生産性はおそるべき低さだった。

日本の官僚は問題解決への圧力に最後まで抵抗し成功した。彼らといえども、非生産的な膨大な農業人口が経済成長にとって足枷であり、生産しないことにまで補助金を払うことは、ぎりぎりの生活をしている都市生活者に犠牲を強いることになることは認めていた。しかし、離農を促したり米作からの転換を強いるならば、深刻な社会的混乱を招きかねなかった。そこで何もしないことだけが賢明な道であるとし、事実、何もしなかった。

経済的には、日本の農業政策は失敗だった。今日、日本の農業は先進国のなかで最低水準にある。残った農民に膨大な補助金を注ぎ込みながら、かつてない割合で食料を輸入している。その輸入は先進国のなかで最大である。しかし、社会的には何もしないことが成功だった。日本はいかなる社会的混乱ももたらすことなく、いずれの先進国よりも多くの農業人口を都市に吸収した」

「もう一つの成功は、これまた検討の末何もしなかったことによるものだった。彼ら（官僚）は小売業の問題にも取り組まなかった。六〇年代の初めにいたってなお、先進国のなかでもっとも非効率でコストの高い時代遅れの流通システムをかかえていた。

（中略）

経済界やエコノミストは、流通業の効率化なくして日本経済の近代化はないと主張した。しかし官僚は近代化を助けることを拒否した。それどころか、スーパーやディスカウントストアのような近代流通業の発展を妨げる規則を次々に設けた。流通システムは経済的にはお荷物であっても、社会的にはセーフティネットの役を果たしている、定年になったり辞めさせられても、親戚の店で働くことができるとした。(中略)四〇年後の今日、流通業の問題は社会的にも経済的にもほぼ解消している。家族経営の商店はいまも残っているが、特に都市部では、そのほとんどが小売りチェーンのフランチャイズ店になっている。昔のような暗い店は姿を消した。一元管理の明るく、きれいな店になっている。世界でもっとも効率的な流通システムといってよい。しかもかなりの利益を上げている」

このように先送りをすること自体は必ずしも問題とはいえず、しばしば最良の政策とすらなり得るのですが、問題は経済成長が停滞し人口が減ろうとしている転換期においても日本政府が「先送り」を基本戦略とし続けていることです。

このような社会の活力が弱まっている状態で先送りを続けると、問題は解決されるどころかどんどん大きくなってしまいます。例えば社会保障制度の問題などは人口が増え続ける限り制度の担い手となる若年労働者が増えていくので自然と解決されていくものがほとんどですが、今の日本では逆に人口が減っていく局面ですから、先送りすればするほど制度の担い手が減っていき受け手である高齢者が増えることで問題が大きくなってしまいます。そのような状況でも「先送り」という政策を取らざるを得ないのが今の日本の政治構造で、これこそが日本政治の宿痾といえるでしょう。

読者のみなさんには勘違いして欲しくないのですが、個々の与党政治家や官僚の多くは日々迫り来る問題に対処することに精一杯で、ある意味責任感を持って社会を維持するために懸命に「先送り」を続けており、そうした彼らの仕事自体には敬意を払うべきだと思っています。

彼らが四苦八苦して問題を先送りしてくれなければ、日本社会は今すぐにでも崩壊してしまいかねない状況ですし、なにせ私自身も少し前までその一員でしたからね。その意味では「きちんと先送りすること」こそ官僚なり政治家なりの「個人の責任」といえます。ただ問題の解決が望めない分野で長期的な視点を持たず先送りを続けることは、「組織として無責任」ともいえ、今の日本の政治はそのような意味で「個人として責任感がある政治家や官僚が、政府の組織としての無責任を助長する」という状況に陥っています。

図4　日本の政策決定の流れ

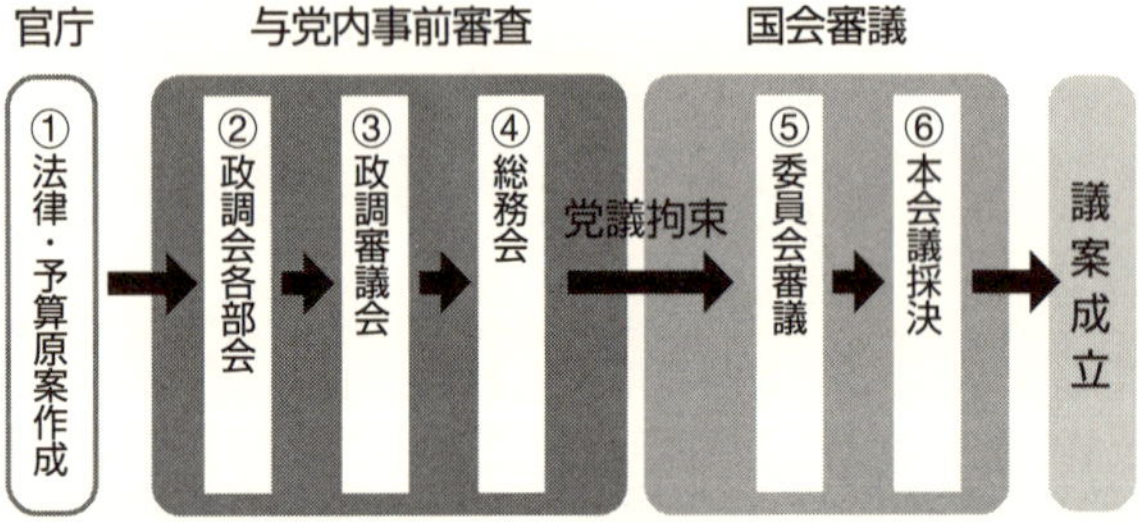

「刹那的」になるしかない野党議員

ここまで政策を立案する側の与党の国会議員と官僚の視点から日本の政治の先送り構造について述べてきましたが、ここで勘のいい人は一つの疑問が思い浮かぶでしょう。それは「だったら野党が長期的視点を持てないのだろうか？」という点です。確かに、与党が短期的な視点しか持っていないならば野党が長期的視点を持ち、国会審議で問い詰めて政府・与党の姿勢を正す、というのが理想的な国会の姿ではあります。しかし残念ながら、結論から言えば日本の野党議員は与党議員以上に短期志向で、その瞬間瞬間で与党と政府の問題を指摘して世論を盛り上げて政権を追い詰めることに特化しています。

野党のスタンスは「短期的」を超えて「刹那的」といってもいいほどです。

なぜこんなことになってしまうかと言うと、日本では政権・与党が「事前審査制」と呼ばれる野党にまったく政策立案に関与させないような仕組みを整備しているからです。ここで日本の政策決定の流れというものをざっと見てみましょう（図４）。

国会で審議される議案というのは、内閣または議員が作成することができるのですが、日本では実効性のある議員立法はほとんどなく、実質において意味のある法律案・予算案はほぼ全て各官庁が作成します。こうして作成された法律案・予算案は政府から国会に提出される前に、自民党内の「事前審査」を受けることになります。

各官庁が作成した法律案・予算案は、事前審査でまず自民党政務調査会、通称「政調会」で審議にかけられることになります。

政調会は各省庁・政策分野に対応して様々な部会に分かれており、各省庁の作成した政策案は各部会に所属するいわゆる「族議員」によって審査されます。この時各部会の決定は所属議員の全会一致が原則であり、官僚たちは部会に所属する族議員の要望をあらかじめ聞き回って彼らの要望に合わせて法案を修正していきます。これが俗にいう「官僚の根回し」です。

こうして部会で官庁と族議員が調整を重ねて議案が了承されると、今度は部会から政調審議会に議案は回されることになります。政調審議会は政務調査会の幹部が委員を務めており、細分化した部会よりも広範な見地から議論がなされ、問題があると委員が判断した時は部会に議案が差し返され再検討することになります。他方政調審議会で了承を得られると政調会での審議は終了し、議案は今度は自民党総務会に回されることになります。

総務会は「党の運営に関する重要事項」を決める場ですがその審議は通常形式的なもので、政調会に議案が差し戻されるようなことはほとんどなく、この総務会で了承が得られると国会でのその議案の審議には「党議拘束」がかけられることになります。読者のみなさんの多くは「党議拘束」という言葉に馴染みがないと思いますが、要は「党として方針を決めたからこの議案には賛成しろ」ということで、党議拘束がかけられると所属議員はその議案に賛成しなければいけないことになります。総務会は所属議員に対して処分を下す権限がありますから、党議拘束を破って所属議員が国会での採決で反対にまわったり棄権したりすると何らかの懲戒処分に付せられることになってしまいます。総務会での決定が得られるとようやく事前審査は終わり、審議の舞台は国会に移ることになり、閣議決定を経て内閣から議案が国会に提出されることになります。

こうしてようやく国会の各委員会で政府と野党が議論を交えることになるのですが、ここまで見てきたように日本では国会での審議の前に政府と与党が議論を重ねてガチガチに議案の内容を固めてしまうため、国会での議論を通じて野党の意見を聞いて法律案や予算案を修正するようなことはありません。ただ政府が野党の質問を適当にいなして時間を使うだけの審議が延々と行われ、時間が来たら採決がなされます。みなさんがよくテレビで見る光景ですね。

そして本会議でも予定調和でポーズだけの与野党対決の議論が行われ、そのまま採決に移り議案成立というわけです。このように日本では野党議員は政策決定から事実上排除されてしまっており、建設的な意味でできることはほとんどありません。

そのため日本の野党は国会で何をするかというと、政策の議論は最小限にとどめて、むしろ官僚や政治家などのスキャンダルを責め立てて政府の足を引っ張ることに力を入れます。最近ではいわゆる「モリカケ問題」に係る審議などがその典型的な事例で、北朝鮮が弾道ミサイルの開発を進めアメリカが保護主義的な制裁措置を断行するなど国際情勢が目まぐるしく動いている中で、野党議員たちが大臣の外交を妨げ国内に留めて、政権を責め立てていたのは少々バランスを欠いていたと言わざるを得ないでしょう。

もちろん疑惑があればそれに対して真摯に説明する義務が政権にあることは言うまでもありませんが、同時に国政の課題を処理してもらわなければならないのも当たり前で、それを両立させるべく与野党が協力して日程を組むのが本来の議会政治のあり方でしょう。他にも、本来は審議の2日前までに提出することになっている国会への質問を前日の深夜まで留保して、官僚に徹夜を強いるような嫌がらせをすることは日常茶飯事です。

このようにはっきり言って日本の国会では非生産的で不毛な議論が連日行われているのですが、ただ野党の立場に立つとこれも仕方のない側面があります。たとえまともな政策議論をしようとしても、政権側が事前に与党と法律案・予算案の内容をガチガチに固めてしまっており、予算額の1円、法律案の一言一句の修正にすら応じる意向がないことがほとんどですから、有ること無いこと騒ぎ立てて世間の政権への不信を煽って政権批判票を掘り起こす方が次の選挙に向けては有効な時間の使い方ということになります。もちろんそういう中でも政府に対して健気に建設的な政策提案をしてくるような良識的な野党議員もいますが、残念ながらそのような議員が野党の主流になることはありません。むしろ虚実問わず政府を批判一辺倒で追いつめるようなタイプの議員の方が出世することになります。

かくして日本の野党は、政策立案にあたって建設的な役割を果たすことが政権・与党によって封じられているため、その瞬間瞬間の世論にのって刹那的に政権批判を繰り返すことくらいしかできない宿命にあります。その意味では日本の野党は与党に無能であることを強いられている、ということができると思います。これは重要なことで、野党議員の中には大変優秀な方がたくさんいますが、それとは関係なく日本の野党は組織的に無能にならざるを得ないのです。これは大変残念なことです。

バカげた採決風景

少し本題からはそれますが、重要なことなのでもう少し国会のあり方について議論を深めたいと思います。次頁の写真は2015年9月17日の参議院における委員会採決の風景です。採決されようとしていたのは「我が国及び国際社会の平和及び安全の確保に資するための自衛隊法等の一部を改正する法律案」、いわゆる「平和安全法制整備法」。野党からは「戦争法案」と呼ばれていましたね。写真から見えるように、民主党（当時）の小西洋之議員が鴻池祥肇委員長席に向かってダイブして、それを自民党の佐藤正久議員が押しのけています。

委員長席へダイブした小西洋之議員、排除しようとする与党議員ら
（写真 AFP ＝時事）

この法案はこれまで政府が憲法解釈上禁じていた集団的自衛権の部分的な行使を解禁するもので、野党が強く反発したため採決が大荒れになりこのような事態になったのですが、もちろんこんなことをしても国会のルールに則って採決されるものはされるので何も世の中が変わるわけではありません。実際法案は何の修正もなく、附帯決議が付されただけで採決されてしまいました。結果を見ればこの小西議員のダイブは全くの無駄な行動です。小西議員も元総務官僚ですし、決してバカではなくむしろ優秀な方なので、それくらいのことは本人も分かった上でやっているのでしょう。ただ本来党派性を排した「良識の府」であるべき参議院で、このような空虚な政争

が展開されているのは本当に虚しく、悲しくなります。

そもそもかつての民主党の幹部の多くは民主党政権以前に「集団的自衛権の行使が必ずしも違憲とは言えない」という見解を示していました。それにもかかわらずいざ自民党政権から集団的自衛権を認める法案が提出されると、写真のように民主党は政府案に強硬に反発する姿勢を示しました。

これは先ほど述べたように日本の国会では事前審査制が定着しているため野党が政策形成に参加する余地がほとんどなく、政権に反発することぐらいでしか存在感を示せない、という理由が大きいように思えます。よく野党の議員の方が「対案を出すべき」という主張に対して「反対することが対案だ」と主張することがありますが、野党をそう言わざるを得ない状況に追い込んでいるのは間違いなく日本の政権・与党のあり方です。

例えば日本維新の会は昨今の国会で政府案に対して相当数の対案となる法案を作成しましたが、そのほとんどが議論されることもなく廃案となりました。野党の中にはこのような日本の国会の非生産的な状況を嘆いている議員もかなりいらっしゃいます。

そこでここからはなぜこれほど問題がある事前審査制が日本に定着することになったのか、ということについて考えてみましょう。与党の事前審査制というのは実はそれほど古い歴史があるわけではなく、１９５０年代から形成され始め、62年に当時自民党総務会長の赤城宗徳氏から官房長官へ送付したいわゆる「赤城文書」によって完成されたと言われています。

「各法案提出の場合は閣議決定に先立って、総務会に御連絡を願い度い。尚政府提出の各法案については総務会に於て修正することもあり得るにつきご了承を願い度い」

赤城文書にはこのような文言があり、これが事前審査の定着を示すものとされています。また赤城氏は、国会の各委員会の委員長にも文書を送付し、そちらでは、

「各法案の審議は総務会において最終的に決定することになっているので各常任委員会各特別委員会の段階において法案修正の場合は、改めて、その修正点について総務会の承認を受けられ度い」

との申し入れをしています。これは自民党が、国会の各委員会での審議よりも総務会の決定をより重視するようになったことを示すものとされています。

このように自民党は憲法で「国権の最高機関」とされる国会での審議よりも、慣例として自民党内部の会議体を重視しているのですが、これは憲法、ひいては民主主義を軽視しているとも捉えられかねない話です。ただ自民党がこのような決定をするに至った

背景には、その日本国憲法自体の構造的問題があります。

アメリカ人が書いた憲法

日本国憲法はその草案をGHQ（連合国軍最高司令官総司令部）が選任したアメリカ人チーム25人により作成されました。これがいわゆる「マッカーサー草案」で、これを日本政府が大筋を変えずに修正して成立させたのが現在の日本国憲法です。このように現行憲法はそもそもの草案が大統領制に親しんだアメリカ人によって作成された議院内閣制の憲法だったので、いざ運用してみると議院での審議の実情や日本の政治文化にそぐわない箇所が多数出てきました。その代表が立法過程です。

大統領制を採用するアメリカでは政府が法案を提出することはなく、議員が法律案・予算案を作成して国会に提出し、国会審議の過程で与野党の議論により随時内容を修正していきます。日本国憲法も国会を「唯一の立法機関」としており、立法過程に関して同じようなケースを想定していたと考えられています。

実際日本国憲法には内閣の法案提出権を明示的に認める規定はなく、憲法制定当初は国会は「唯一の立法機関」であるのだから法律案の提出も国会内部からしか許されず内閣が法案を提出できない、という考え方が有力だったようです。そのため国会法などの関連法規も、国会に法案の発議から修正まで行う広範な権限を与えています。

一方で内閣は国会審議には基本的に介入できないように設計され、議事運営や議事日程や法案の修正作業には一切加われない仕組みになっています。

ただ現実に憲法の運用が始まると、複雑な法案を作る能力が官僚にしかないので、すぐに内閣が作成・提出するいわゆる「閣法」と呼ばれる法律を認める必要性に迫られ、憲法解釈としてこれを認めることになりました。ただ先ほど述べたように、内閣は一度法案を提出してしまうと国会での議事運営や法案修正作業に加わることができないため、内閣の想定を超えた法案修正が為されるようになりこれは政府を悩ませました。

また、初期の国会ではこの他に「お土産法案」と呼ばれる選挙区への利益誘導、いわゆる「バラマキ」を目的とした財政支出を伴う議員提出法案が多数提出・成立したことも政府を困らせました。代表的なものは「昭和二十六年十月の台風による漁業災害の復旧資金の融通に関する特別措置法」や「十勝沖地震による漁業災害の復旧資金の融通に関する特別措置法」といった個別の地方災害に対する復旧を支援するための法律を、地元選出の議員がわざわざ作り予算を確保するというものです。

こうした法律が乱立してしまうと法体系が乱れて行政が混乱し、なおかつ政府の計画を超えて財政赤字が拡大するので、こうした事態に大蔵省（当時）は対策を講じる必要に迫られました。アメリカではこういう無茶な法律ができた場合、大統領がその成立を拒否する権限があるのですが、大統領制ではない日本ではアメリカと違って総理大臣には法案の成立を拒否する権限は用意されていませんでした。このあたりも「議院内閣制を知らないアメリカ人が議院内閣制の憲法を作った故のバランスの悪さ」と言えるでしょう。

このように戦後しばらく「国会審議における弱すぎる内閣と強すぎる国会」という現行憲法のバランスの悪さに政府が苦慮することになります。このような中、1955年に自民党が誕生して安定与党となると、政府―自民党で少しずつ「事前審査によって実質的に国会を無力化してしまう」という対策が講じられていくことになります。

そしてこれが完成したのが先に挙げた「赤城文書」だったというわけです。

もちろん現行憲法下でも、東日本大震災対策時など国家的な危機事態では与野党が政局を排して一致協力して議員立法を提出し、スピード感を持って実質的な審議を進め、数々の法案を成立させるようなこともありましたが、こうした事態は極めて例外的です。

実際現在はすっかり元の姿に戻って、与党は事前審査で法案の内容をガッチリ固めて野党を政策形成過程から排除し、野党は刹那的にスキャンダルを煽って政府を批判することが中心的な活動になってしまっています。先に述べたような日本政府の短期志向を考えると、野党がもっと長期的なビジョンをもって政府を問い詰め、政策形成に参加できるよう、国会のあり方を見直すのは日本の将来のためには必要不可欠なように思いますし、与野党の多くの議員はそのことに異存はないと思います。ただそれとて「長期的な視点」が必要な政策であり、選挙の票の開拓につながるような政策ではないので、おそらく実現しないのでしょう。残念なことです。

人口ピラミッドの逆転

このように日本の政治は2～3年スパンで政治を考える与党議員、与党議員の意向を踏まえて対症療法的な政策を立案し問題を先送りする官僚、そして政権・与党を刹那的な視点で批判し足を引っ張る野党、という構図の「先送りシステム」で回っています。その結果、我が国は「問題は分かっているけど対策が講じられない」という状況が続き、当座社会は安定しているものの問題の先送りが続き将来的なリスクが拡大し、それが財政赤字などの形で顕在化しつつあります。

ここまで説明してきたようにこの政治構造は属人的なものではなく、システム的なものなので、容易には変えることはできず今後とも続いていくものと思われます。

ここで私たちが考えなければならないのは「それでは我々はいつまで問題を先送りできるのか」ということです。もちろん個別の制度ごとに先送りの限界が来る時期は異なるので、一概に答えはいえません。ただ大きく括ると私たちの生活は、国内で福祉サービスへのアクセスや最低限の生活水準を私たちに保障してくれる社会保障制度と、対外的な脅威から国民を守る安全保障制度によって守られており、治安や社会のルールとなる基本的な法制度の執行を除いて国自らが多額の予算を使って取り組む政府のサービスは広い意味ではこのいずれかに位置付けられると言えるでしょう。

このうち社会保障制度は国民が相互に支え合うシステムであるため人口構成の変化はその制度変革に、安全保障制度は国と国との関係に依存するため国際社会における日本のポジションの変化はその制度変革に直結する、と言ってもいいでしょう。そのため私たちは将来を考える上で、国内の人口構成の変化と、国際社会における日本のポジションの変化を把握していく必要があります。

図５　日本の人口ピラミッドの変化

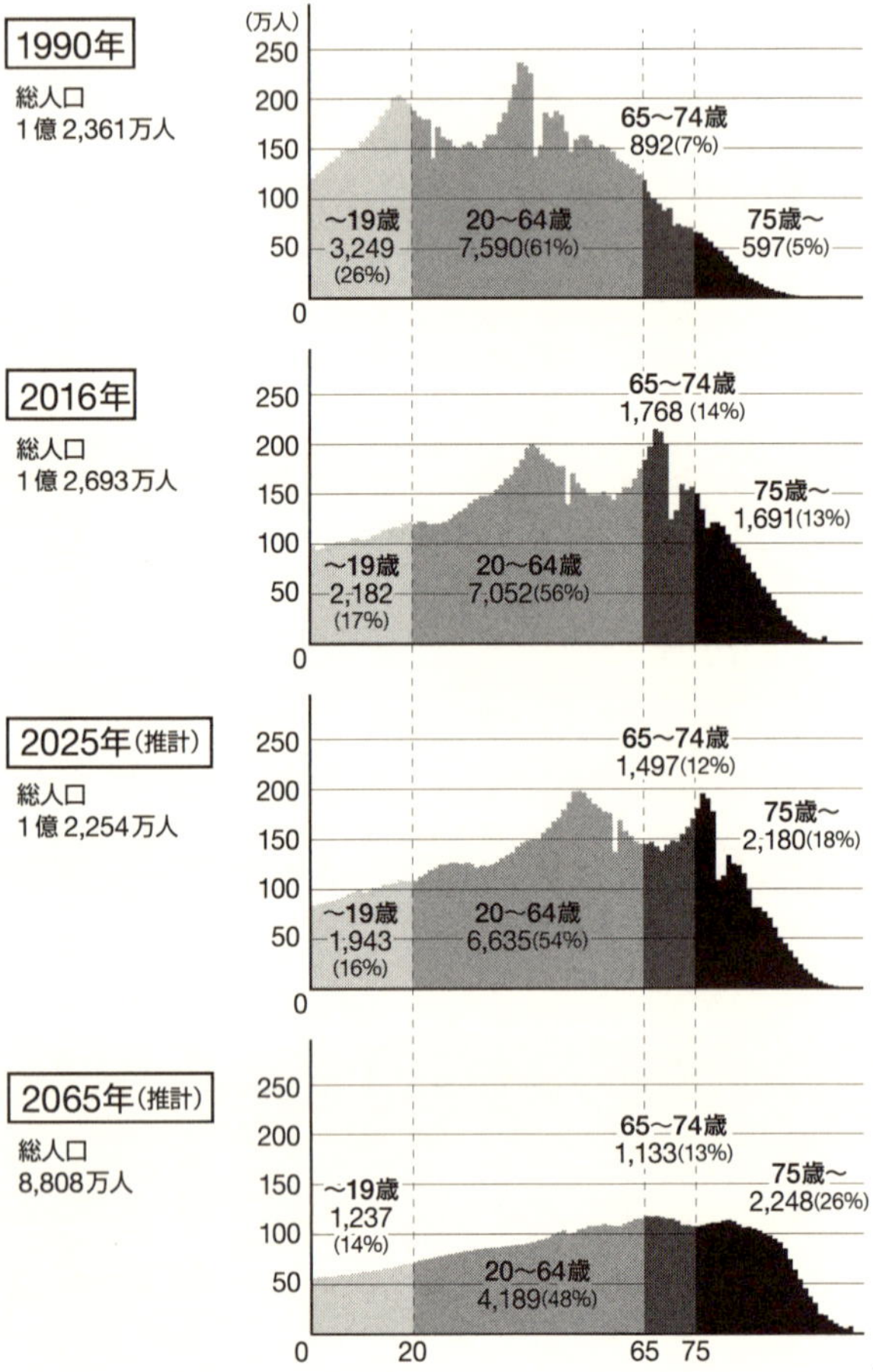

（出典）厚生労働省ＨＰ「日本の人口ピラミッドの変化」をもとに作図

まず人口構成の問題について我が国の人口ピラミッドの変遷を見ながら考えてみましょう。図5は1990年以降の日本の人口ピラミッドの変遷を将来予測を含めて示したものです。ここから三つのことが見て取れます。

一つ目は日本の人口構造の特異性です。見ていただければわかるように日本の人口構造は「団塊の世代（1947～49年生まれ）」と「団塊ジュニア世代（1971～74年生まれ）」の二つの世代をピークとする「ふたこぶラクダ」の構造になっています。

二つ目は平均寿命が伸びていることです。1990年に75・92歳であった男性の平均寿命は2013年には80・21歳にまで伸び、2060年には、84・19歳にまで伸びることが予測されています。

三つ目は日本全体の人口が減少に転じ、将来的に人口ピラミッドが徐々に逆転していき65歳以上の高齢者がピークになっていくことです。日本の人口は2008年の1億2808万人をピークに減少を始めており、2028年ごろまでは緩やかに減少し1億2000万人台を維持し、その後急速に減少していくことが予測されていますが、その過程で団塊ジュニアを唯一の頂点とする逆ピラミッド型の人口構造になると見込まれています。

このように人口ピラミッドが逆転した時に社会にどのような変化が起きるか、ということを本書では考えていくことになるのですが、ここでは倫理的な観点は排除して単純に「一般的に仕事を引退した65歳以上の高齢者は、既得権益を守ろうとする投票行動をとって、次世代に社会保障制度の問題解決を先送りする傾向がある」として大きな構造について考えましょう。いわゆるシルバーデモクラシーというやつですね。

基本的には社会保障制度というのは20歳から65歳の現役労働者層が納めた税金・社会保険料で、児童や高齢者の福祉を賄う制度です。従って1990年時点の高齢者は仮に選挙での投票行動を通して年金や医療といった社会保障制度に関する問題を政治的に「先送り」させても、圧倒的に層が厚い「団塊の世代」を中心とする次世代労働力が問題を吸収して解決してくれることを期待できる世代でした。これは社会保障分野に限らず高度成長期に日本の先送り型の政治組織が有効に機能した大きな理由の一つでしょう。

こうして戦前世代の社会保障を支えてきた「団塊の世代」が65歳を超えて高齢者になったのは2013年のことです。今度は立場が変わって、彼らの世代が作ってきた問題が、彼らの子供である「団塊ジュニア」を中心とする世代に「先送り」されることになったわけです。

２０３６〜40年に来る限界点

ここで一度データを確認してみましょう。２０１６年における「団塊の世代＋αの５年間の人口」（１９４７〜51年生まれ）はそれぞれ生まれた年ごとに次のようになります。

１９４７年：２０４・１万人
１９４８年：２１６・２万人
１９４９年：２１９・１万人
１９５０年：２００・７万人
１９５１年：１８７・５万人

総数は１０２７・６万人です。なお団塊の世代の人数が非常に多いのは当時中絶が法律で認められていなかったことが原因で、１９４９年に優生保護法（当時）が改正されて中絶が認められるようになると急速にベビーブームは収束していきます。データでもそれが見て取れますね。「団塊ジュニア世代＋αの5年間の人口」もそれぞれ年ごとに見てみましょう。

1971年：193・8万人
1972年：199・1万人
1973年：202・8万人
1974年：199・4万人
1975年：188・9万人

総数は984・0万人と、団塊の世代とほぼ均衡が取れています。つまり団塊の世代は問題を先送りしても、かろうじて1：1でその問題を受け止めて吸収してくれる対象がいる世代ということができると思います。広い意味で「親が死ぬまでの面倒は子が見る」という理屈が社会レベルでも通じる世代です。

他方で団塊ジュニア世代以下には、それに匹敵する人口の塊が全くありません。つまり団塊ジュニア世代が問題を先送りしても、その問題を1：1で受け止めきれる世代が存在しません。

したがって、団塊ジュニアが先送りした課題は全世代が均等に負担を上げて、つまり増税を受け入れて、吸収するしかありません。ただこのような担い手と受け手のバランスが取れない社会保障制度は、絶え間ない増税を招き必ず破綻をすることになるので、このような強引な先送り手法が通じるのはせいぜい一世代で、団塊ジュニア以降の世代はそもそも問題を先送りすることができない世代になっていくことが予測されます。年齢で言えば現在の20〜30代の世代です。

あまり単純に考えすぎて精緻な議論ではありませんが、こう考えると、一つの目安として遅くとも団塊ジュニア世代が高齢者になる２０３６〜40年には内政面で日本の先送り型政治システムの限界が来るものと思われます。

ここから団塊ジュニア世代が寿命を迎えるまでの20年間はついに日本社会が先送りしてきた課題から「逃げられなく」なり、社会保障制度に関して覆い隠してきたあらゆる問題が噴出し社会変革が迫られる日本社会にとって本当の正念場になると思われます。

このことは、近い将来日本の社会保障制度の変革は避けられないことを意味しており、本書では第2章でこの問題の所在について詳細に検討していくことになります。

埋没する日本

つづいて今度は安全保障に目を移して、国際社会の中での日本のポジションの変化について考えていきましょう。国際社会への日本の影響力をどう測るか、ということはなかなか難しい問題ですが、ここでは一つの指標として日本の経済力の将来的な変遷を中心に見ていくことにしましょう。

と言っても「国際比較の観点から日本経済の実力をどう測るか？」というのは一筋縄ではいかない問題です。単純にドルベースで見たＧＤＰの値を比較してみると、現在日本のＧＤＰは世界3位の水準にあります。２０１７年の名目ＧＤＰランキングを見てみると、1位がアメリカで19・39兆ドル、2位が中国の12・01兆ドル、3位が日本で4・87兆ドル、という具合で、日本のポジションは「世界で3位、中国を除くアジアで2位」といったところです。なおこれに4位ドイツ（3・68兆ドル）、5位イギリス（2・62兆ドル）、6位インド（2・61兆ドル）、7位フランス（2・58兆ドル）と続いています。

ただこの数値比較は対ドルの為替水準に大きく左右され、必ずしも経済の実力を公正に比較しているとは言い難いものがあります。

例えばこの水準で見れば、近年日本が最も不況に苦しんでいて円ベースではマイナス成長すらあった2009年から12年ごろが、景気回復期の2013年以降より経済的に高い水準になってしまいます。これは偏《ひとえ》に1ドル＝70円台にまで突入した超円高と言われた環境によるものですが、率直に言って全く実感が伴いません。

これは当たり前の話で、私たちの生活の実態は円ベースで賄われていて、それが減ってむしろ買えるものは少なくなっているのに、ドルベースでの評価が上がったところで何の実感もわかないのは当然です。

各国の経済力というものは単に基軸通貨であるドルとの比較で測るものではなく、その国の物価との関係、実質的な購買力を基準に測る必要があると言えます。例えばマクドナルドのビッグマックは世界中で売られていますが、その値段は2018年現在アメリカでは5・28ドル、中国では3・17ドル、日本では3・43ドル、と大きく異なっています。同じ100ドルを持っていても、アメリカでは19個、中国では31個、日本では29個とビッグマックを買える個数は異なります。逆に言えばアメリカにおける105・6ドルと、日本における68・6ドルと、中国における63・4ドルは、いずれもビッグマッ

図6　購買力平価でみたGDPランキング

順位（PPP）	2014年 国	2014年 GDP（PPP、2014年ベース10億米ドル）	2030年 国	2030年 予想GDP（PPP、2014年ベース10億米ドル）	2050年 国	2050年 予想GDP（PPP、2014年ベース10億米ドル）
1	中国	17,632	中国	36,112	中国	61,079
2	米国	17,416	米国	25,451	インド	42,205
3	インド	7,277	インド	17,138	米国	41,384
4	日本	4,788	日本	6,006	インドネシア	12,210
5	ドイツ	3,621	インドネシア	5,486	ブラジル	9,164
6	ロシア	3,559	ブラジル	4,996	メキシコ	8,014
7	ブラジル	3,073	ロシア	4,854	日本	7,914
8	フランス	2,587	ドイツ	4,590	ロシア	7,575
9	インドネシア	2,554	メキシコ	3,985	ナイジェリア	7,345
10	英国	2,435	英国	3,586	ドイツ	6,338
11	メキシコ	2,143	フランス	3,418	英国	5,744
12	イタリア	2,066	サウジアラビア	3,212	サウジアラビア	5,488
13	韓国	1,790	韓国	2,818	フランス	5,207
14	サウジアラビア	1,652	トルコ	2,714	トルコ	5,102
15	カナダ	1,579	イタリア	2,591	パキスタン	4,253
16	スペイン	1,534	ナイジェリア	2,566	エジプト	4,239
17	トルコ	1,512	カナダ	2,219	韓国	4,142

PricewaterhouseCoopers HP「2050年の世界」表1をもとに作図

ク20個を買えるという意味で同じ価値があります。

値段が違うのだから当然、同じだけのお金を持っていても消費できるものの内容は各国で異なるということです。これは当然ビッグマックに限った話ではありません。

購買力平価（PPP）

従って物価が違うのに、ただドルベースのGDPの金額の多寡だけで経済規模を比較してしまうのは経済の実態を比較するにあたっては必ずしも適切ではなく、実質の購買力を基準に経済力を比較する必要があるということです。そこで物価の差などを考慮した「購買力平価（PPP、Purchasing

Power Parity)」という視点でＧＤＰを評価してみると少し違う世界が見えてきます。

図６はPricewaterhouseCoopersという外資系のコンサルティング企業がＰＰＰベースで各国のＧＤＰを評価・ランキング化し、２０１４年の実績、２０３０年、２０５０年の予測値の推移を示したものです。

先ほどの名目ＧＤＰをドルベースで評価したランキングとは異なり、２０１４年時点ですでにインドが３位になり日本は４位と評価されていますし、中国はアメリカをわずかに抜いて１位になります。物価の安い国は名目ＧＤＰの数値だけを見ていると不当に低く評価されてしまうということですね。

ではこれが２０３０年になるとどう変化するかというと、中国が頭一つ抜ける一方、インドは日本を突き放します。もはや日米の経済規模を足し合わせても、中国に及ばなくなります。他方でインドは日本の３倍の経済規模まで成長します。それでも日本は依然として４位の位置はキープして、中印を除いたアジアでは最大規模の経済大国でいつづけられます。しかしながら、日米が協力しても中国を抑えきれなくなる可能性が高く、インドが存在感を増すことでアメリカにとって日本の地位は相対的に下がることになるでしょう。

2050年になるとますますこの傾向が顕著になり、インドネシア、ブラジル、メキシコといった新興国に抜かれて、日本のランキングは7位にまで落ち、「中印を除いたアジアで1位」というポジションも失います。他方でインドはアメリカを抜いて2位にまで上昇し、この頃になるとアジアの問題は「中印米＋インドネシア」で決まるようになっている可能性もあります。

こうした日本の国際経済におけるポジションの低下はそのまま日本の安全保障環境に跳ね返ってきます。これまで日本はアメリカのアジアにおける最大の外交パートナーとして振る舞い、その代わり安全保障面では「日本は表面上憲法9条の制約内で専守防衛に徹し、いざという時は日米安全保障条約に基づき在日米軍に日本を守ってもらう」という安全保障政策を取ってきました。日本がアメリカとこのような関係を維持できたのは、日本がアジア圏において影響力を発揮できる経済大国だったからです。しかし2030年以降も日本がアメリカとこのような関係を維持し続けられる可能性は低く、下手すれば日本の国際経済上のポジションが凋落する中で、アメリカが日本との同盟関係を解消してしまう可能性すらあります。

そうなると日本の安全保障政策は根本的に瓦解して、米中、もしくは米中印の間で埋没して、最悪のケースでは中国の属国になってしまう可能性もあります。このような可能性を考えると、安全保障という面でも日本はそのあり方を根本から見直す必要に迫られていると言え、本書では第3章で問題の所在について詳細に検討したいと思います。

「逃げられない世代」の宿命

このように日本は２０３０年代半ばごろから内政的にも外交的にも本格的な苦難の時代を迎えることが予測されるのですが、これを乗り越えると日本の人口構造は徐々に極のない平坦な構造に変わっていき、また新興国経済の成長もいち段落して日本の国際社会でのポジションも安定していくものと予測されます。

本書のいう「逃げられない世代」とはこうした人口構造や国際的な日本のポジションの変質にあわせて、日本という国を再定義していく役割を担う団塊ジュニア以降の世代のことを指します。

具体的には、現在20代から30代の世代（１９７９～98年生まれの世代）で、この世代は自らの身を削りながら団塊ジュニア世代の老後を20年間支えていき、他方で次世代に問題を先送りしない社会保障システムを再構築し、なおかつ日本の安全保障のあり方も外交的に見直していく必要に迫られることになります。

私は1981年生まれの本書刊行時で37歳ですからこの世代に含まれることになりますが、良くも悪くもこれを宿命と受け止めています。その意味ではこの本がこれから語ることは、私が私自身の問題として語ることでもあります。

ここまで第1章では「今の日本は数多くの長期的な課題を抱えながらも、与党政治家は選挙を意識して2~3年スパンで政治を考え、その意向を踏まえて官僚は問題を先送りする対症療法的な政策を立案し、野党がそれを刹那的観点で批判し、問題が先送りされていく」という日本政治に強固に埋め込まれた先送り構造について説明してきました。

しかしながら団塊ジュニアが引退し、日本のアジアにおける経済大国としての地位が揺らぐ2030年代半ばには内政的にも外交的にも既存の社会構造の限界が来て、先送りしてきた日本社会の問題が噴出し、その後20年程度かけて日本という国のあり方自体を見直していくことが迫られるようになること、そしてその時現在20代から30代の世代が先送りされてきた課題と向き合わなければならなくなる宿命について総論として説明しました。

第2章以降ではこれを踏まえ、個別に私たちがどのような課題から「逃げられなくて」、そして将来の危機に対してどのような覚悟をしなければならないか、さらにその危機に対して個人として、また世代としてどのように備えていくべきなのか考えていきます。

第2章　社会保障の先送り課題について

最大の政府予算部門

この章では社会保障制度の課題の先送りと、日本の財政赤字の関係について考えていきたいと思います。今や社会保障関係予算は一般会計で毎年30兆円を超える支出が計上され、国債関係費を除いた実行予算ベースでは60％近くを占め、特別会計も含めれば120兆円規模にまで膨らみ、群を抜いて最大の政府予算部門となっています。

もはや日本政府の財政は社会保障関係予算を中心に回っていると言ってもよく、そのうえ超高齢社会を迎え今後とも社会保障関係予算はまだまだ拡大することが見込まれますから、政府財政の未来を語ることは社会保障制度の未来を語ることとほぼ同義と言ってもよいでしょう。財政の未来と社会保障制度の未来はコインの裏表のように、一体不可分の関係にあります。

とはいえ社会保障制度の世界は奥深く、この章で社会保障制度の全てについて取り扱うことは困難です。元厚生労働省官僚で現在駐アゼルバイジャン大使を務める香取照幸氏は日本の社会保障制度を大きく左の四つの分類に分けて整理しています。

（1）社会保険

病気やけが、出産、死亡、老齢、障害、失業など、生活の困難をもたらす色々な事故（保険事故）に遭遇した場合に一定の給付を行い、その生活の安定を図ることを目的とした強制加入の保険制度。具体的には医療、介護、年金、雇用の四分野の保険がある

（2）社会福祉

障害者、母子家庭など社会生活をする上で様々なハンディキャップを負っている国民が、そのハンディキャップを克服して、安心して社会生活を営めるように、公的な支援を行う制度

（3）公的扶助

生活に困窮する国民に対して最低限度の生活を保障し、自立を助けようとする制度。

ほぼ生活保護と同義

（4）保健医療・公衆衛生

国民が健康に生活できるように様々な事項についての予防、衛生のための制度。疾病予防や食品・医薬品の安全性を確保する公衆衛生などがあたる

このように社会保障制度の対象は多岐にわたり全てをこの本でカバーすることは困難ですし、またこの本の目的とする「社会保障制度のうち財政への影響を考える」というテーマに照らせば、四つの社会保障の領域のうち「社会保険」だけで後述するように社会保障関係予算の8割から9割を占めており、その意味ではあえて全てをカバーする必要もありません。

そこで本章では、初めに日本の財政の現状を評価することから入り、特に財政への影響が大きい、医療保険、介護保険、年金保険という「社会保険」の中核を占める事業と財政の関係を分析し、最後に財政再建の必要性といわゆる異次元緩和を中心とした金融制度との関係について論考し、具体的にどのような形で社会保障に関する課題が先送りされているのか述べていきたいと思います。

財務省への大いなる勘違い

改めて言うまでもありませんが、みなさんご存知のように今の日本政府は借金まみれの状況にあります。２０１８年度末時点での公債残高は８８３兆円となる見込みで、これに国のその他借入金（33兆円）と地方自治体の借金（１９２兆円）を加えた約１１０７兆円が日本の政府部門の長期債務の全貌となっています。

これは日本のＧＤＰ比でほぼ2倍の１９６％相当の額に当たることになります。とてつもなく大きい数字であることはわかりますが、あまりにも大きすぎてもはや実感が湧きませんよね。

政府の中でこの借金を管理しているのはいわずとしれた官庁の中の官庁こと「財務省」ですが、世の中の多くの人は、財務省に対して大いなる勘違いをしているように思います。それは「財務省が政治家を操っている」「財務省は政府の借金を返そうとしている」という二つの勘違いです。

私から見れば現実は真逆で「財務省は政治家の要望に応じて必要な資金を調達し借金を管理する機関」です。当たり前のことですが、もし本当に財務省が意のままに政治家

図7　日本の公債残高の累積

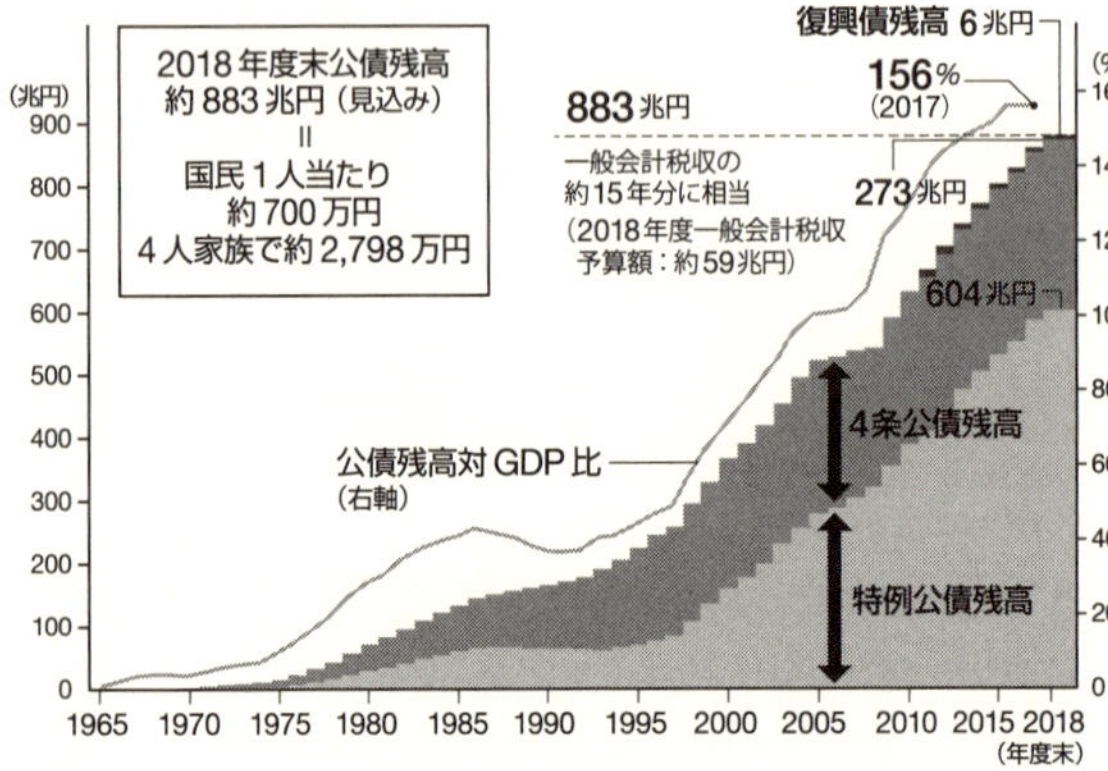

財務省HP「財政に関する資料」公債残高の累積 をもとに作成

を操ることができて、政府の借金を返そうとしているならば、そもそもこんなに借金が積み上がるはずがありませんよね。それにも拘わらず財務省黒幕説のような陰謀論が消えないのは、それだけこの借金問題を直視するのが政治的に難しいことの表れなのだと思います。

現実を見てみましょう。図7は日本政府の長期公債残高の推移をまとめたものです。政府の借金は大きく4条公債、いわゆる「建設国債」と特例公債、いわゆる「赤字国債」にわかれます。この二つの国債は大きく性質が異なります。

建設国債の場合、発行しても公共事業にその資金が使われるので、結果として政府所有の建物・設備が出来上がるため、最終的に政府の下には借金に見合った資産が残ります。これに対して赤字国債の場合、単に財政の赤字を補填するだけで、それに見合った資産は政府に残りませんから、発行すれば純粋な借金のみが積み上がっていくことになります。

日本政府の借金は平成に入るまでは建設国債中心で、例えば１９９０年度の総額１６６兆円の国債の内訳は、建設国債が１０１・８兆円、赤字国債が64・５兆円でした。それがこの20年で急速に赤字国債が増え、現状では、建設国債が２７３兆円、赤字国債が６０４兆円、その他東日本大震災の復興のために発行した復興債が６兆円という内訳になり、借金の総額は５・３倍に、赤字国債の比率は４割程度から概ね３分の２まで上昇しました。

いろいろ細かいことを言いましたが、一言で言えば、この20年で政府は非常に不健全な形で赤字体質がすっかり染み付いてしまったということですね。ここで読者の方が真っ先に気になることは「ここまで積み上がってしまった借金を政府は返すことができるの？」ということだと思いますが、率直に言ってそんなことは到底不可能です。仮にこれを返済するとなると、政府の税収を全額返済にあてても15年かかってしまいます。そんなことは無理ですよね。

こう言うと、読者の中には「え、借金を返さなくていいなんてそんな都合のいいことあるの？」と思われる方もいらっしゃるかもしれませんが、別に国に限らず、企業も膨大な借金を抱え続けることはよくある話でそれほど驚く話でもありません。それによくよく考えれば、銀行などの金融機関は誰かにお金を貸して利子を払ってもらうことをビジネスとしているのですから、貸し手である銀行にとっても利子を払い続けてくれる限りは必ずしも借り手である企業や政府の借金が多いことは悪い話ではありません。例えば、企業で言えばソフトバンクなどは15兆円の有利子負債を抱えていると言われていますが、それでも経営は成り立っていますよね。

その意味では財務省が気にしていることは借金の総額そのものというよりも、「金利が払い続けられるのか？」ということです。さきほども述べたように金利を払い続けられる限りは借金は貸し手にとっても借り手にとってもｗｉｎ・ｗｉｎで、自転車操業とは言え財政破綻することはありませんからね。

年間利払費

図８　利払費と金利の推移

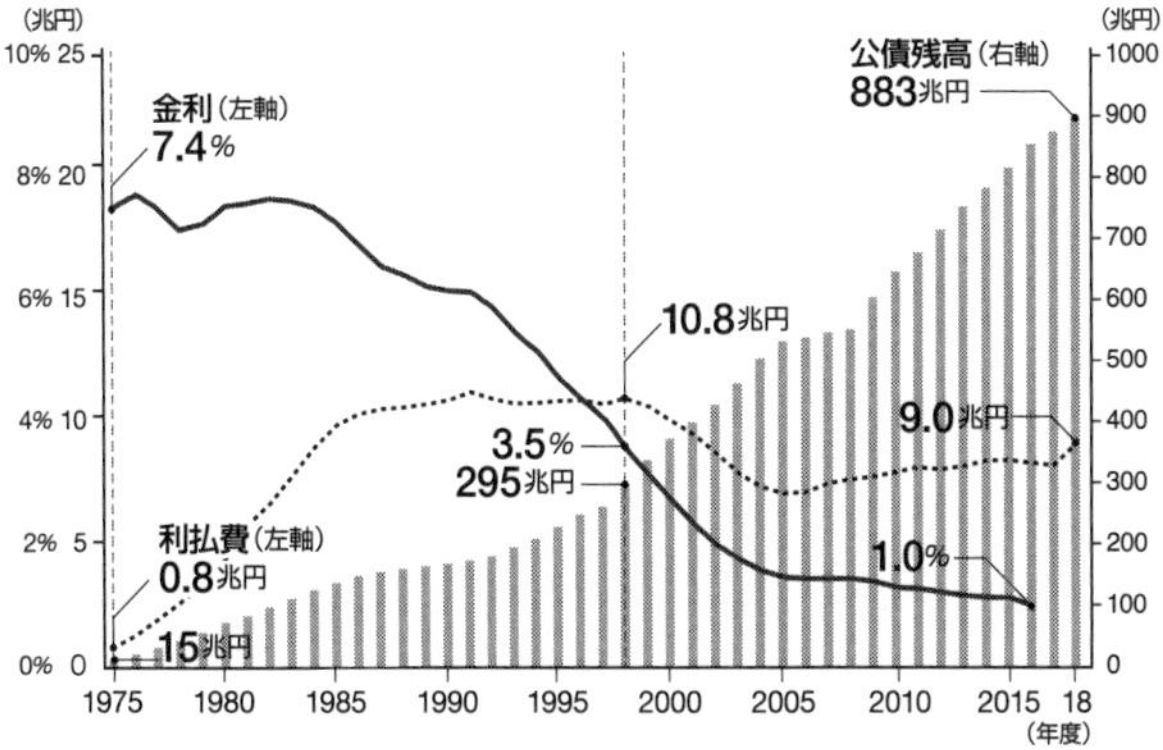

財務省HP「財政に関する資料」利払費と金利の推移をもとに作成

では日本政府は現在どの程度金利を払っているのか見てみましょう。

財務省の資料によると２０１８年度の利払費の見込みは、８８３兆円の国債残高に比して９・０兆円で、これは金利にすれば１・０％です。同年度の日本政府の税収は59・１兆円ですから、この水準であれば払えないことはないといったところでしょうか。

図８は日本政府の利払費と金利の推移をまとめたものですが、意外なことに利払費は１９９０年代よりも現在の方が低くなっており、例えば98年度の公債残高は２９５兆円に比して10・８兆円、金利は３・５％で、利払費は現在よりも約２

兆円高い水準になっています。

このことからわかるのは、今は非常に金利が低いので日本政府の借金はそれほど単年度の財政の負担になっていません。そう考えると日本政府が借金を増やしてきた態度は「金利が低いうちに借りられるだけ借りてしまえ」ということで、ある意味で理に適っていたと言えます。皮肉なようではありますが、これだけ借金を作りやすい状況を作って、天文学的な借金を積み重ねたことこそ、我が国のトップレベルの頭脳が集結した財務省の実力・有能さの証明と言ってもいいでしょう。少なくとも今現在日本以外にこれほどの国債残高を積み上げている国はないのですから、オンリーワンと言ってもいいでしょう。

ただ問題はこれだけ国債残高が積み上がってしまったことにより日本政府は極端に金利変動に弱い財政構造になってしまったことです。利払費というのは「国債残高×金利」で決まりますから、例えば現在金利が0・1%あがると「883兆円×0・1%」で8830億円も利払費が増えてしまうことになります。

仮に1%金利が上昇すれば8・83兆円も利払費が増えてしまうことになり、財政が大いに逼迫することになってしまいます。実際に金利がこれだけ上昇したら、事実上の財政破綻で社会は大混乱に陥ることになるでしょう。

　このように今の日本は極端な低金利が続いているためこれだけ借金を増やしても利払費がそれほど財政の負担になってこなかったのですが、それだけ「金利の上昇」というリスクに弱くなってしまいました。

　ただこうした低金利を利用した借金だよりの財政も限界の兆しが見え始めており、２０１０年度以降は「金利が下がっているにもかかわらず利払費が増えている」という状況で、危険な兆候が見え始めています。財務省が近年消費増税を強硬に主張し始めたのはこうした背景があります。利払費が増え始めた以上、税収自体を増やしていかなければ金利が払えなくなってしまうかもしれない、というわけです。

　当面財務省としては「消費税を増税して借金を減らそう」などと考えているわけではなく、「収入を増やしてさらに借金をするために消費増税をする必要がある」と考えているとも言えるでしょう。これと並行して展開されているのがいわゆる「黒田バズーカ」とも呼ばれる日銀の異次元緩和なのですが、このことについては後述します。

　いずれにしろ根本的には、２０１２年以降進められている消費増税は「財政再建のための政策」ではなく「財政再建を先送りするための政策」と言えます。この二つは響き

図9　一般会計歳出と歳入の構成

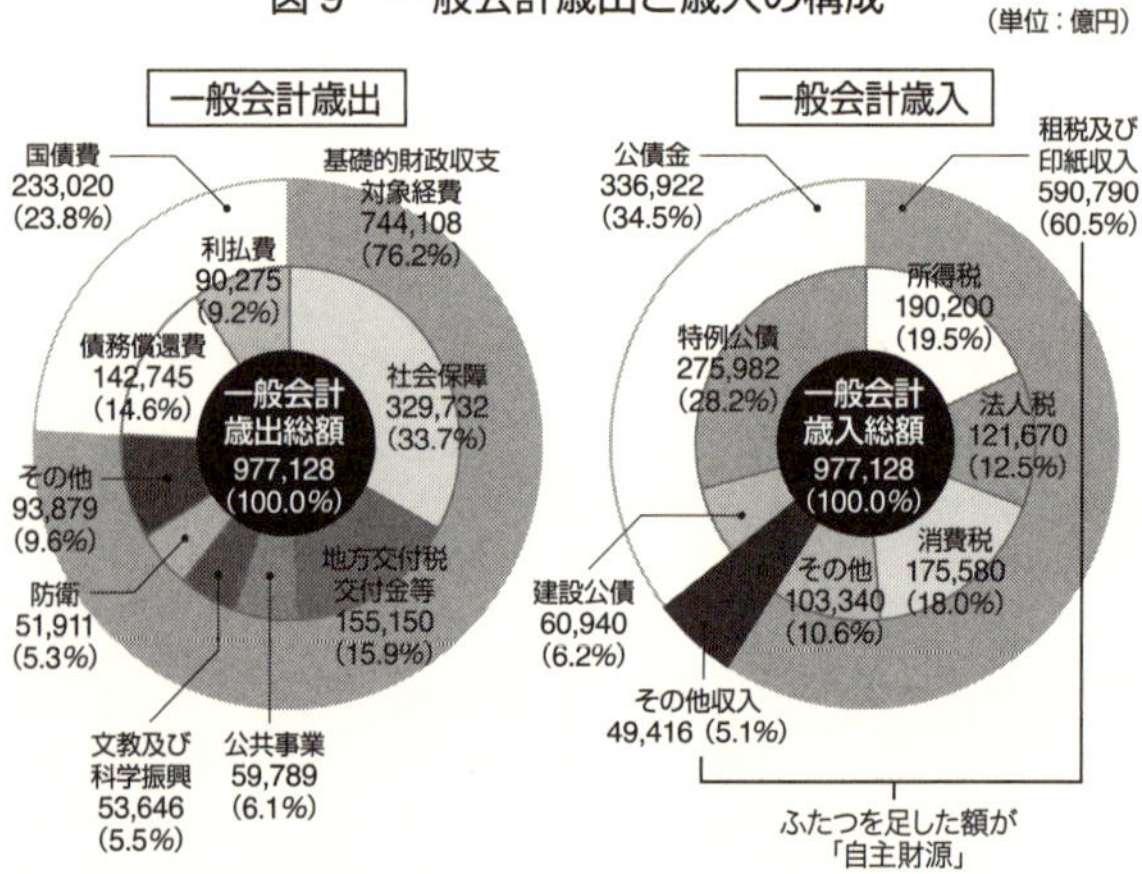

財務省HP「財政に関する資料」平成30年度一般会計歳出・歳入の構成をもとに作成

は似ているものの目指すところは全く逆で、前者が借金の増加を止めるための政策なのに対して、後者は借金を増やすための政策です。

消費増税で解決できるか

消費増税〝だけ〟では到底財政再建ができないということは政府予算を少し見ればわかります。図9は2018年度の日本政府の一般会計の歳出と歳入の構成を示したものです。まずは政府の支出である歳出から見てみましょう。

　総額は97兆7128億円ですが、内訳を見ると①年金・医療・介護等に使われる社会保障費の32兆9732億円（33・7％）、

②国債管理に使われる国債費の23兆3020億円（23・8％）、③地方交付税交付金の15兆5150億円（15・9％）が非常に大きな比率を占めこの三つだけで歳出の73％を占めることがわかります。

右記のうち国債費は借金の返済（14兆2745億円）と利払い（9兆2275億円）に充てる資金なので削減することは不可能ですし、地方交付税交付金は地方自治体に分配するための資金でこちらも国が勝手に削減することはできない財源ですから、実態としては社会保障費がダントツの支出項目であることがわかります。

社会保障費は、歳出から国債費と地方交付税交付金を除いた一般歳出（58兆8958億円）の55・9％を占め、実質的に日本政府の歳出の半分以上は社会保障が占めるといってもいい状況で、日本の財政は非常に硬直化しています。

続いて今度は政府の収入である歳入の構成を見てみましょう。

総額は当然同じく97兆7128億円ですが、内訳を見ると、

a いわゆる「税収」である「租税及び印紙収入」が59兆7790億円（60・5％）うち主要3税の額は、

・所得税が19兆２００億円（19・５％）
・法人税が12兆１６７０億円（12・５％）
・消費税が17兆５５８０億円（18・０％）
ｂいわゆる「税外収入」であるその他収入が４兆９４１６億円（５・１％）
ｃいわゆる「国債」である公債金が33兆６９２２億円（34・５％）
うち国債の種別に、
・赤字国債（特例公債）が27兆５９８２億円（28・２％）
・建設国債が６兆９４０億円（６・２％）

という具合で、ａとｂを足した自主財源が64兆２０６億円で65・６％、残りの34・５％が借金頼りとなっています。

歳出から国債費を除いた金額である74兆４１０８億円を、税収等（ａ＋ｂ）でまかなえる状態を「プライマリーバランス」というのですが、現状では10兆３９０２億円の赤字になってしまいます。つまり今の日本政府は仮に借金がなかったとしても、赤字になってしまう体質ということです。現実には借金があるわけで、利払費が９兆２７５億円発生していますから、両者を足し合わせて日本は１年間で19兆４１７７億円ほど赤字国債を純増させたことになります。建設国債を含めれば25兆５１１７億円ですね。

一方現在の消費税は８％ですから、消費税１％あたりの税収は「17・６兆円÷８」でおよそ２・２兆円となります。なので仮にこの20兆円の赤字を消費増税で埋めるとしたら、最低でもあと10％ほど即座に消費税を上げて18％以上にしなければいけないことになります。

現実にはここまで一気に消費税を上げることは非現実的ですし、また消費が萎縮する可能性も高いので計算も成り立たないでしょう。他方で当座予定されている消費増税は、２０１９年10月に現状から２％あげて10％にするのみですから、せいぜい８〜９年間中期的な社会保障費の自然増分を相殺する程度の効果しかなく日本政府の借金は依然として年間20兆円近く増え続けると思われます。

したがって仮に消費増税によって財政再建を目指すならば今後の方向性としては、早急に消費税を20％程度まで上げるか、それとも社会保障費を大きく削減するか、またその両方を進めるかのいずれかの選択が必要になります。ただ現状では日本政府はいずれの決断もしておらず、まさに決断を「先送り」したまま借金が拡大している状況が続いています。

社会保障費の使いみち

先ほどから社会保障費の話が出てきているのでここで社会保障に関する国の支出、「社会保障関係費」の全体像を簡単に見てみましょう。

2018年度の社会保障関係費の総額は32兆9732億円で、前年比で4997億円の増額となっています。この前年度比約5000億円増というのは16年度から3年続けてのトレンドで、今後大胆な改革が進まなければ同じペースで増え続けるものと思われます。先に「消費増税を2%上げてもせいぜい8~9年間中期的な社会保障費の自然増分を相殺する程度の効果しかない」と書きましたが、これは消費税を1%上げることにより増税効果が2・2兆円なので、2%増税の効果はせいぜい4・4兆円しかなく、これはこのペース（年間5000億円増）で社会保障関係費の増加が続けば8~9年間で吸収されてしまうというわけです。

そんなわけで仮に政府が借金頼りの財政から脱却することを目指すとすれば、先ほど述べたように社会保障関係費の増加を止め、むしろ減額しなければならなくなるのですが、主要項目の金額を見ると次のようにおしなべて増加しています。

年金給付〈国民年金、厚生年金に関する国負担分など〉
↓11兆6853億円（前年度比2022億円、1・8％増）
医療給付〈健康保険に関する国負担分など〉
↓11兆6079億円（前年度比1068億円、0・9％増）
介護給付〈介護保険に関する国負担分など〉
↓3兆953億円（前年度比823億円、2・7％増）
少子化対策〈保育支援、児童手当のための予算など〉
↓2兆1437億円（前年度比288億円、1・4％増）
生活扶助等社会福祉費〈生活保護・障害者支援のための予算など〉
↓4兆524億円（前年度比319億円、0・8％増）

他方で減少した項目としては、旧軍人・公務員の年金制度に関わる予算である恩給関係費があります。恩給に関しては新規受給者がおらず構造的に受給者が減少しているため前年度比443億円の減少になっています。また失業保険などの財源となる雇用労災対策費については前年度比5億円増でほぼ横ばいという状況です。

生活扶助等社会福祉費に関しても、雇用状況の改善によって生活保護の受給者数が減少し始めており、伸びが止まりつつあります。もちろんこれは安倍政権の成果のみならず、2012年から15年にかけて団塊の世代が65歳を迎えて大量退職したことによって人手不足時代が訪れたことが主因という側面があります。

このように一部項目は減少、横ばいですが、全体としてみれば社会保障関係費は増加傾向にあり、その大きな原因は年金給付・医療給付・介護給付の三大保険の給付の増加（合計3913億円）となっています。

三大保険に関わる支出は約26兆円となって社会保障関係費全体の8割を占めており、我が国が高齢者福祉中心の財政構造になっていることが見て取れます。その他失業保険や生活保護など福祉関係予算は、恩給関係費等の制度特有の事情や雇用改善により予算額が縮小又は横ばいの状況で、こうした予算の削減分の一部が少子化対策予算に回って拡大しているものの、依然として少子化対策予算の割合は小さいものに留まっています。

このように社会保障関係費の全体像を見ると年金・健康・介護の三大保険制度がその

大半を占め、またこれらはさらに膨張する傾向を示しており、一方でその他の予算は足下では横ばいか縮小傾向にあります。そのため仮に日本政府が消費増税をしないで、もしくは増税幅を小幅に留めて財政再建を目指すとしたら、三大保険制度の大幅な縮小を考えなければいけないことがわかります。しかしながらこのような政策は、相対的に生活の選択の幅が乏しい社会的弱者である高齢者の猛烈な反発を招くことは間違いなく、政治的に困難なことは言うまでもありません。つまり日本政府に財政問題を先送りできる余力がある間は非現実的で、仮に三大保険制度を縮小するような政策がとられるとしたらそれは日本が本格的な財政危機に陥った後だということです。

民主党政権はなぜ予算削減に失敗したか

社会保障関係予算は財政赤字の主因でありながら、更に増加する傾向は止められない状況にあります。これに関して財政の健全性との関係から懸念を示す意見を言うと、「だったら利権を排して社会保障以外の予算の無駄遣いを削減し、それで浮いた費用を社会保障に充てればいいじゃないか。そうすれば増税も、社会保障の縮小もする必要はないはずだ」という反論が必ず出ます。

実際こうした「ムダの削減アプローチ」は一度2009〜12年の民主党政権で採用されたもので、その象徴が記憶に新しい行政刷新会議のいわゆる「事業仕分け」でした。蓮舫議員のスーパーコンピューター開発に関する「2位じゃダメなんですか？」は、良くも悪くも印象に残る言葉でしたね。ただ事業仕分けはその印象の割に効果は乏しく、民主党は政権交代前のマニフェストでは「ムダの削減により16・8兆円捻出する」ということを言っていましたが、実際に事業仕分けで削減できた予算額は1・6兆円とわずかでした。

このように民主党のいわゆる「無駄削減アプローチ」は失敗したのですが、その理由は大きく二つあります。一つは長期的な傾向として2000年代に入り社会保障費が拡大する過程で概ね他の分野の予算は縮減してきたため、民主党が政権を取った頃には追加的な削減余地が限定されていたことです。このことは一般財源における社会保障関係費に次ぐ項目である、公共事業関係費の推移を見るとよくわかります。

公共事業関係費はバブル崩壊後に景気対策として急拡大し、2000年代初頭まで高止まりします。図10でこの20年の推移を見ると、アジア通貨危機のあとの景気対策が行われた98年度の14・9兆円がピークとなっています。このころの社会保障関係費は18・

５兆円だったので、社会保障関係費と公共事業関係費は二大支出と呼ぶにふさわしい規模だったのですが、公共事業関係費は景気対策が終了すると共に自然に11兆円程度まで縮減し、加えて小泉純一郎政権（01〜06年）で01年度の11・４兆円から05年度は８・０兆円まで大きく削減されます。いわゆる「構造改革」の成果ですね。

一方で同年度の社会保障関係費は22・２兆円と98年度から３・７兆円ほど拡大していますが、公共事業関係費の累積削減幅（６・９兆円）を考えると、この頃までは「無駄を削減して社会保障に充てる」という理屈は筋が通っていたことになります。その後の第一次安倍政権、福田政権でも公共事業費の削減の傾向はつづき07年度には７・４兆円とピークの半分にまで減りますが、08年にリーマンショックが起きたため拡大に転じ09年度は自民党政権下で９・５兆円まで拡大する予算が組まれます。

このタイミングで誕生したのが民主党政権で、予算が膨れ上がった状態から減額補正で09年度の公共事業関係費を０・７兆円削って８・８兆円に減らしました。そしてその勢いで10年度は６・４兆円、11年度は５・３兆円と削減し続け、政権交代からの２年弱で４・２兆円ほど公共事業関係費を削減しています。そして12年度は公共事業関係費について当初４・６兆円という予算を組み、政権交代当初の半分以下の水準まで減らしま

図10　社会保障関係費と公共事業関係費の推移・割合

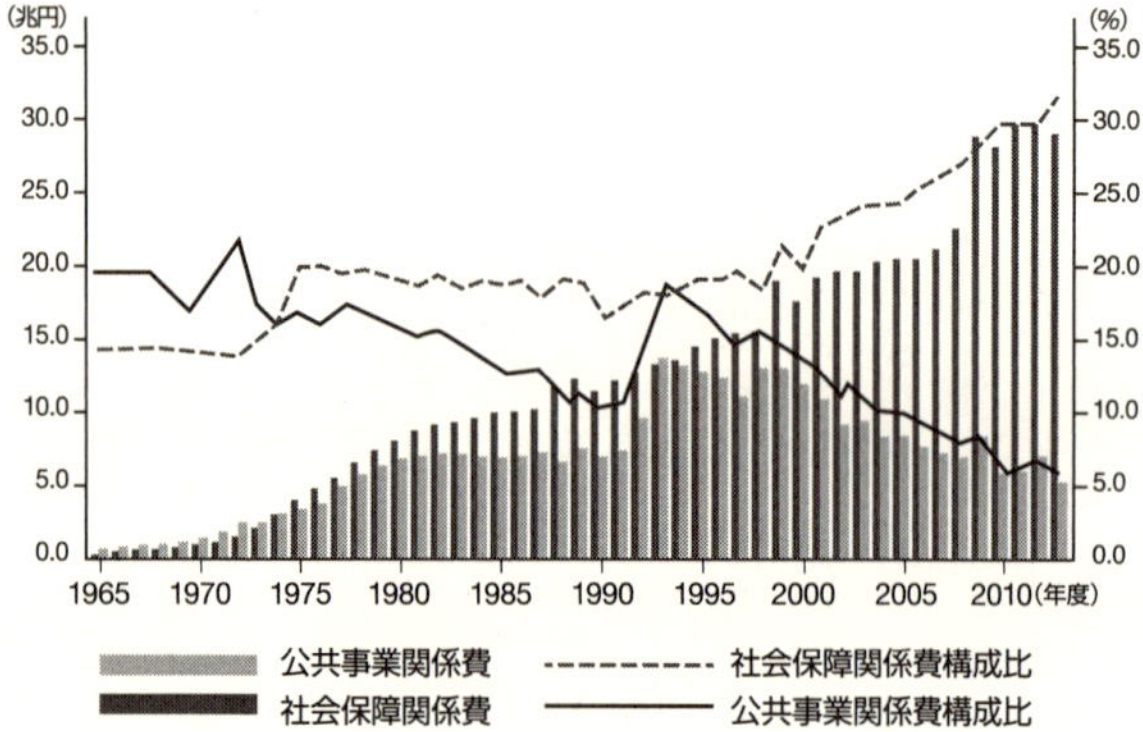

参議院HP「我が国の少子高齢化と財政・社会保障」図表6をもとに作成

す。これはかなりの緊縮財政といってもよく、民主党政権も公共事業関係費の削減に関しては約束を守ろうと必死の努力をしていたと言えますが、東日本大震災が起きたことによりこの流れが止まります。

12年度の公共事業関係費は復興のための補正予算で7・0兆円まで増額され、公共事業費の削減の流れはここで止まることになります。

一方この背後で全く異なる問題が起きていました。それはいわゆる「霞が関埋蔵金」が尽きてしまったことによる4兆円の政府の減収効果で、これが民主党政権のもう一つの「ムダ削減アプローチ」の失敗の理由です。

自民党が仕掛けた時限爆弾

少し複雑になりますが自民党政権時代の04年度に年金改革が行われ、基礎年金の国の負担分を36・5％から09年度までに50％にあげることが決まりました。これは制度改正による継続的な要因で、政府支出が毎年数兆円規模でしばらく増えていくことになるので、05年の制度改正時は政府はこの費用を賄うために消費増税に踏み込む必要性があると考えられていました。しかしながら06年ごろに「霞が関には官僚が隠しているお金がある」というわゆる「霞が関埋蔵金問題」の論争が過熱します。これを受け自民党政権はいわゆる埋蔵金と呼ばれた20兆円以上に上る「財政投融資特別会計」の積立金の一部を流用することで消費増税の決断を10年度以降に先送りします。

ただこのタイミングで起きたのが08年のリーマンショックを契機とする世界大不況で、政府は財政投融資特別会計の資金を景気対策にも使ったので、同会計の埋蔵金は予想以上のペースで減少することになり、10年度にはほぼゼロとなりました。埋蔵金は尽きたのです。

そして民主党政権は毎年４兆円繰り入れられていた埋蔵金が尽きるタイミングに直撃

してしまいました。そのため社会保障関係費はこの埋蔵金の枯渇に対応するため、08年度の22・6兆円から09年度には28・7兆円と6・1兆円も急増しました。せっかく民主党政権が公共事業関係費を削減した4兆円分は相殺されるどころか、この社会保障関係費の予算増により全て呑み込まれてむしろ差し引きで2・1兆円も予算が増えることになってしまいました。

これを財務大臣として経験し危機感を覚えたのが野田佳彦議員で、野田氏は総理大臣就任後に消費増税を決断することになり、民主党政権の「ムダ削減アプローチ」は完全に頓挫することになります。

霞が関埋蔵金を年金財源に流用する仕組みは自民党政権が期せずしてしかけた先送りの時限爆弾とも言え、その影響に苦しむことになった民主党政権は気の毒と言えば気の毒でしたが、少し調べればわかることを無視して初めからできもしない主張をしていたとも言え、間抜けといえば間抜けな話でもありました。

なお公共事業関係費については、民主党政権下での削減があまりにも急すぎたこともあり自治体や業界からの反発も強く、近年やや増加傾向で、16年度の予算は7・6兆円となっています。このように民主党政権のムダ削減アプローチは紆余曲折を経て失敗するべくして失敗したわけで、今後同じようなことを議論する意味は乏しいように思えます。もちろん政府の無駄を削減することは重要ですが、それで社会保障関係費の不足分を穴埋めするという発想が通じたのは小泉政権までで、残念ながら今の時代に通じる発想ではありません。

少子高齢化は自業自得

ここからは現状や過去の説明から将来の話に移り「社会保障関係費がこのままどこまで膨張するのか」を考えていきたいと思うのですが、その前に一度前提知識として実際に国民が受け取っている社会保障サービスの総額である社会保障給付費について、２０１７年度の予算ベースをもとに国、地方自治体、事業者、年金積立金を通した全体像を見てみましょう。

17年度の国の一般会計の社会保障関係費は32・５兆円なのですが、図11のように全てを合わせた社会保障給付費の全体像は１２０・４兆円になります。

17年度の日本のＧＤＰは政府見通しでは５５０・３兆円とされていますから、社会保障給付のＧＤＰに占める割合は21・８％を占めることになります。これが高いか低いか

図11　社会保障の負担と給付

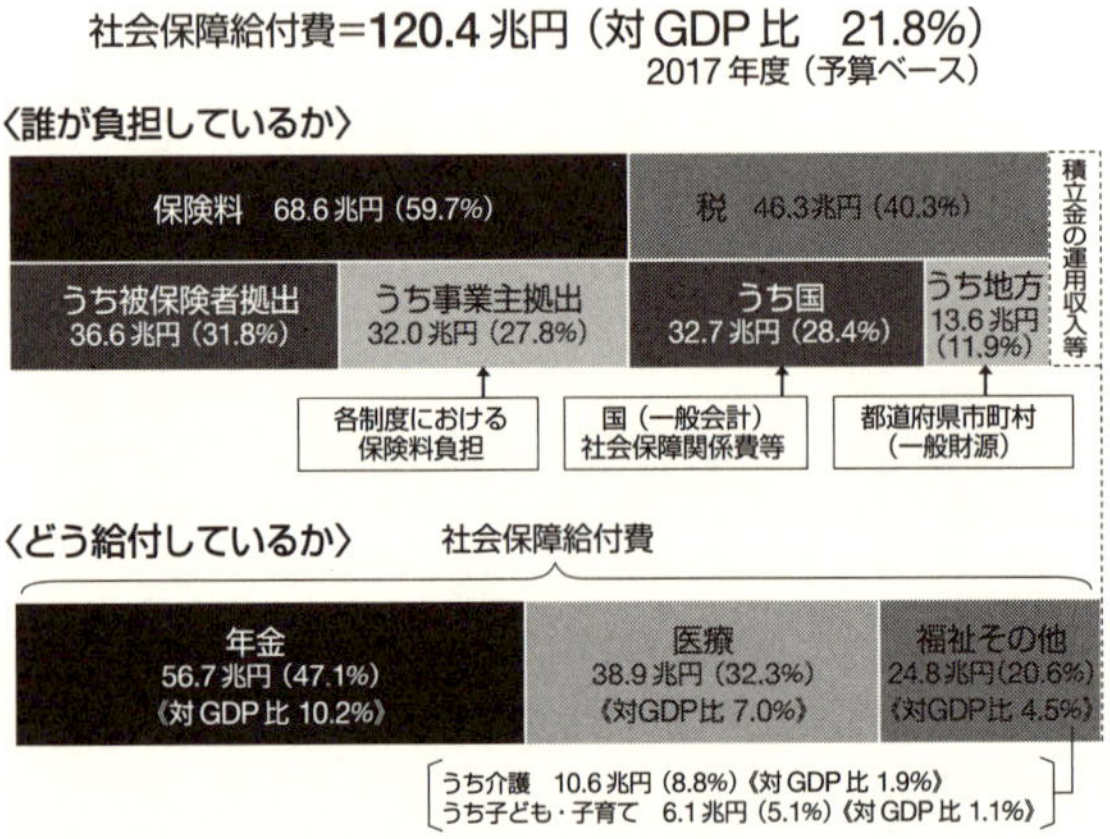

厚生労働省HP「社会保障の給付と負担の現状（2017年度予算ベース）」をもとに作成

は一概に言えないことなのですが、GDPの2割以上が社会保障というある種の官製経済で構成されているということは、社会保障政策は経済政策としての性質を有するということでもあります。財政再建のために急速に政府が社会保障関係費を削減したら経済が混乱しかねないでしょう。その意味でも先送りは肯定される側面があります。

社会保障給付の総額120・4兆円のうち59・7%の68・6兆円は民間企業およびその従業者が社会保険料として負担し、残りの46・3兆円（40・3%）を国と地方自治体が負担し、それでも不足する分は年金積立金の運用収益で補塡される仕組みになっています（「年金積立金」という聞きなれない言葉がでましたが、その内容については後ほど説明します）。

このうち民間側の負担は、事業主（32兆円）と被保険者（36・6兆円）が概ね折半して負担しています。これは重要なことで、極端な例として仮に政府が社会保障の補助を全く行わなくなったとしても、その瞬間に年金や医療や介護保険の給付はゼロになるわけではなく半分程度は維持されるということです。ただし年金に関しては積立金の関係で少し制度が複雑になっているのでこれも後ほど説明します。

一方税による負担は表面上は国が32・7兆円（28・4％）と自治体が13・6兆円（11・9％）ということになっています。なので例えば政府が財政破綻した場合の、社会保険給付に対する影響は28・4％に限られるように思えますが、地方自治体はその全体の財政需要86兆6198億円のうち、16・3兆円を国から地方交付税交付金として、さらに補助金として国庫支出金を13・5兆円、合計29・8兆円（34・4％）を受け取っているので、国が財政破綻した場合は地方自治体も直ちに影響をうけて巻き込まれる一蓮托生の関係にあります。実質的には政府と地方自治体の財政は一体であると考えていいでしょう。

以上負担側を見てきましたが、続いて今度は社会保障給付の内訳を見てみると次のようになっています。

・年金　56・7兆円（構成比47・1%、GDP比10・2%）
・医療　38・9兆円（構成比32・3%、GDP比7・0%）
・介護　10・6兆円（構成比8・8%、GDP比1・9%）
・子ども・子育て　6・1兆円（構成比5・1%、GDP比1・1%）
・その他　8・1兆円（構成比6・7%、GDP比1・5%）

三大社会保険の構成比は一般会計ベースの80%から88・2%にまで上昇し、改めて日本の社会保障が高齢者偏重である実態が浮き上がります。

ややデータが古くなりますが実質的な所得に占める税・社会保険の負担の割合が日本に近いドイツやイギリスの2013年度の家族向けの社会保障支出のGDP比は、日本の1・23%に比べてそれぞれ2・23%、3・79%となっていますから、サンプルは少ないですが国際比較の観点からみても日本の社会保障は高齢者偏重と言えるかもしれません。なおそれぞれの国の合計特殊出生率（一人の女性が15歳から49歳の間にうむ子供の数の平均）は、２０１５年時点でイギリスが１・80、ドイツが１・50、日本が１・45となっています。一概に少子化対策予算の多寡が出生率と連動するとは言えませんが、予算が多い方が保育園の整備はじめ対策が取れることは間違いないので、日本の現在の少子化も自業自得という側面はあるでしょう。

社会保障費はいつまで膨らむか

このように現状でも１２０兆円規模にまで社会保障給付費は拡大していますが、今後の見通しについては情報が乏しく、今のところ２０１２年3月に示された25年までの予測が政府全体で共有された数値としては最新のものとなっています。

なおこの予測は民主党政権末期に示されたものですから、現安倍政権が必ずしも政策遂行の前提としているものではありません。つまり日本政府はこの数年最大の支出項目である社会保障関係予算の長期計画がないままに財政運営を続けていたのですが、さすがにこれではまずいと18年5月に入って、２０４０年の財政の在り方についての議論が始まりました。

ただ残念ながら本書刊行時点ではこの議論は未だ結論が出ていません。仕方ないので、ここでは12年時点の推計を参考に簡単に社会保障の将来について考えてみたいと思います。この推計では25年度には社会保険給付は148・9兆円、そのうちの公費負担は60・5兆円にまで拡大することが予測されています。公費負担はだいたい国と地方自治体で7：3くらいの割合で分担することになるので、国庫負担（社会保障関係費）は42兆円程度ということで、現状より9・5兆円増加ということになります。

ただ実際の社会保障給付費の推移を見ると、2015年度の実績ベースで114・9兆円、17年度の予算ベースで120・4兆円という状況ですから、当時の予測からかなり下振れしています。

社会保障給付費がどの程度まで増えるかは人口や経済の状況に限らず財務省―厚労省の差配によるところも大きいので現実にはわからないのですが、近年の動向を見ると前述したように社会保障関係費の増加幅は年間5000億円に収まっていますから、このペースが続くならば、逆算すれば25年度の社会保障関係費は36・5兆円程度、社会保険給付全体は128・6兆円程度に収まることになります。だいぶ下振れしていますね。ただ政府予算の内容は政治的に決まる話でもあるので、実際にどうなるかは正直誰にもわかりません。統計予測の専門家も政治情勢までは読みきれませんからね。

とはいえ大きな制度見直しがなければ高齢者数が増え続ける限りは増加し続けることになるので、例えば年金について考えてみれば、受給開始年齢である65歳以上の人口に比例しますから、政府の人口予測で65歳以上の高齢者数が３９３５・２万人とピークとなる２０４２年ごろが最大となるのでしょう。なおその後高齢者数は微減が続き52年に３８００万人を割ると予測されています。

他方で医療や介護の需要は後期高齢者（75歳以上）数が比例して増えていくことになりますが、こちらがピークになるのは、後期高齢者の人口が２４４９万人と最大化する54年ごろとなりそうです。こう考えると年金受給者数が高止まりして、後期高齢者数がピークになる50～55年ごろが社会保障給付のピークとなるように思われます。

ざっくりとした予測になりますが、高齢者の人口予測が大きくずれることはないので、当たらずとも遠からずといったところでしょう。そんなわけで大きな制度変更がなければこれから30～40年間は社会保障給付は膨張し続けるということになりそうです。なお17年時点の高齢者数は３５１６・３万人、うち後期高齢者数は１７４９・２万人と推計されていますから、今後高齢者数自体はそれほど増えるというわけではなく、後期高齢者数が大きく増えるため、年金よりも医療や介護にかかる費用の方が伸び率が高くなる可能性が高いと言えるでしょう。

ここで冒頭に示された政府予測の25年度に148・9兆円の意味合いを考えてみることになるわけですが、おそらくこの値は財務省が消費税10%という前提で受け入れられる最大限の社会保障給付費として官邸および厚生労働省と合意した数字なのだと思います。

なので当面さらなる消費増税というものがなければ、この社会保障給付費148・9兆円、社会保障関係費42兆円程度を上限として、なんとか年間の社会保障関係費の増加を5000億円程度に抑え込むような努力が財務省と厚労省の間でなされるのだと思います。その場合、社会保障関係費が42兆円まで増加するのは2018年から18年後の36年度ということになります。ちょうど団塊ジュニアの世代が65歳を迎え始める頃ということになりますね。

「裏の財布」年金積立金

さて話はやや変わりますが、少し前に「極端な例として仮に政府が社会保障の補助を全く行わなくなったとしても、その瞬間に年金や医療や介護保険の給付はゼロにはならず半分程度は維持されるということです。ただし年金に関しては積立金の関係で少し制度が複雑になっているので後ほど説明します」と述べましたが、この含意について「社会保障の裏の財源」とも呼べる年金積立金の運用の仕組みと併せて説明したいと思います。

まず基本的なこととして、医療保険や介護保険は基本的には皆さんが毎月納める社会保険料がそのままその年度内に高齢者を中心とする制度利用者に給付される仕組みとなっています。このようにその時々に労働者によって納められた保険料が、高齢者を中心とする制度利用者に使われる社会保険の方式を「賦課方式」といいます。

１年の中で保険加入者から徴収される保険料と、制度利用者に支払われる給付額が一致しているわけですね。この逆が「積立方式」で、長い時間をかけて保険料を積み立てて基金を作り運用して増やし、将来的にこの基金を取り崩して給付がなされる仕組みです。

我が国の社会保険制度では、医療や介護に関しては賦課方式であるのに対して、年金に関しては賦課方式を基本としつつも一部積立方式が導入されることになりました。

我々は戦後第３世代もしくは第４世代ですが、戦後第１世代と第２世代の関係性では、第2世代の方が人口が大幅に多く、また第1世代の寿命がそれほど長くなかったため、徴収した保険料が余ることになりました。厚生労働省はこうして余った保険料の一部を「年金積立金」として積み上げて、少子高齢化が進むであろう将来に人口構成の変化による世代間の不公平を調整するための財源として活用することにしました。

こうして積み立てられた年金積立金は、２００１年度から39年度まで市場運用される予定で、それまでは増え続け、それをピークにあとは年金受給者に積立金を取り崩して年金として60年間受給者に分配する予定で、概ね１００年、現在から起算して80～90年後に消滅する予定です。

厚生労働省の試算によると厚生年金に関してはこの１００年間で総額１９２０兆円の財源が必要とされていますが、そのうち１３７０兆円は保険料収入から、３８０兆円が国庫負担（＝税金）から、残りの１７０兆円が積立金の運用収入及び取り崩しで手当てされることになっています。なんだか金銭感覚が狂ってしまいますね。

なお16年度末時点の規模は１４４兆９０３４億円（うち厚生年金分１３５兆９９１６億円）にも上り、世界最大の年金基金となっています。最近の株高により17年度の第三四半期末では１６２兆６７２３億円まで基金規模が拡大しています。政府の予定としてはこの年金基金を39年度までに運用により１７０兆円まで拡大し、その後は60年間かけて取り崩すような壮大な計画を立てています。

このように年金は文字通り「国家１００年の計」で、だからこそ一時期「１００年安心」などと呼ばれていました。

現在の団塊の世代を中心とする第２世代の年金給付の財源として積立金の運用収益が一部使われており、団塊ジュニア世代を中心とする第３世代の年金給付は積立金の元本を取り崩しながら賄うことが予定されているということですね。ただまぁこれは建前というところもあって、この年金積立金は現実には柔軟な調整財源として用いられており、実際リーマンショック後の不況からしばらく日本経済が立ち直れず保険料収入が低迷し続けて団塊世代の大量退職が続いた09年度から14年度は、概ね30兆円近い資金が基金から取り崩され、政府の年金特別会計に納付されています。いわば年金積立金は厚生労働省の裏の財布となっているわけです。

このように年金は単に保険料収入を集めて分配するのみならず、一部を積立金として厚生労働省の管理の下で長期運用され収益をあげ、将来的に年金受給者に分配する仕組みになっています。これは日本の政治組織にめったにない適切な長期計画ですが、戦後しばらく日本の人口構造はピラミッド型をしており労働人口に比して高齢者が少なかったので、保険財政にも保険料を納める若者の財布にも余裕があったため、厚生労働省もこのような長期計画を立てることができたのだと思います。

もし株高が止まったら

ここまで説明してきたように年金積立金は、長期的には私たちの世代の年金保険料負担を和らげるための役割と、短期的には年金制度の裏の財布としての二つの役割を果たしています。規模としては制度開始当初の2001年度は144兆3315億円でしたが、17年度には162兆6723億円まで膨らみました。その意味では今のところは〝結果として〟うまく回っている制度といってもいいでしょう。ここで〝結果として〟といっているのはここまで年金積立金の運用に関してはかなりの紆余曲折があったからです。

図12は、年金積立金の運用資産額と収益額・収益率をまとめたものです。

先ほど述べたように資産額は結果として増えていますが、2011年度には119兆4015億円にまで落ち込んでいます。この背景にはリーマンショック、ユーロ危機、東日本大震災が続いたことによる運用収益の悪化があります。実際いわゆる「アベノミクス」により株価が回復する前の年金積立金を運用する年金積立金管理運用独立行政法人（ＧＰＩＦ）の運用利回りは想定を下回っており、将来年金積立金が枯渇する可能性は高いと考えられていました。

これを立て直したのは、世界的な景気回復と、国内株価を押し上げ、さらにＧＰＩＦの資産の構成割合（ポートフォリオ）を見直して運用を株式を中心にした安倍政権の成果です。民主党政権末期の２０１２年12月７日の日経平均株価は９５２７円で、この原稿を書いている18年４月の日経平均株価は２万２４６７円ですから、安倍政権はこの５年間で株価を約２・４倍にまで押し上げたことになります。

この株高と並行して、ＧＰＩＦの資産ポートフォリオは14年10月に国内株式の割合を12％→25％、外国株式の割合を12％→25％に変更しました。この結果年金積立金の運用は立て直され、14年度の実績は非常に好調で、前年度末の１３２兆６３１億円から運用により収益を15兆２６２７億円（収益率11・62％）あげています。

ただその分年金積立金の資産額は株価に振り回されるようになり、15年度に株価が停滞すると今度は５・３兆円の損失を計上し、今度は16年度に持ち直すと７・９兆円の収

図12　年金積立金の運用実績

（単位：兆円）

	2001	2002	2003	2004	2005	2006	2007	2008	2009	2010	2011	2012	2013	2014
資産額（年度末）	144	142	146	148	150	149	139	124	128	122	119	126	132	146

〈年金積立金全体の運用実績の収益額と収益率の推移〉

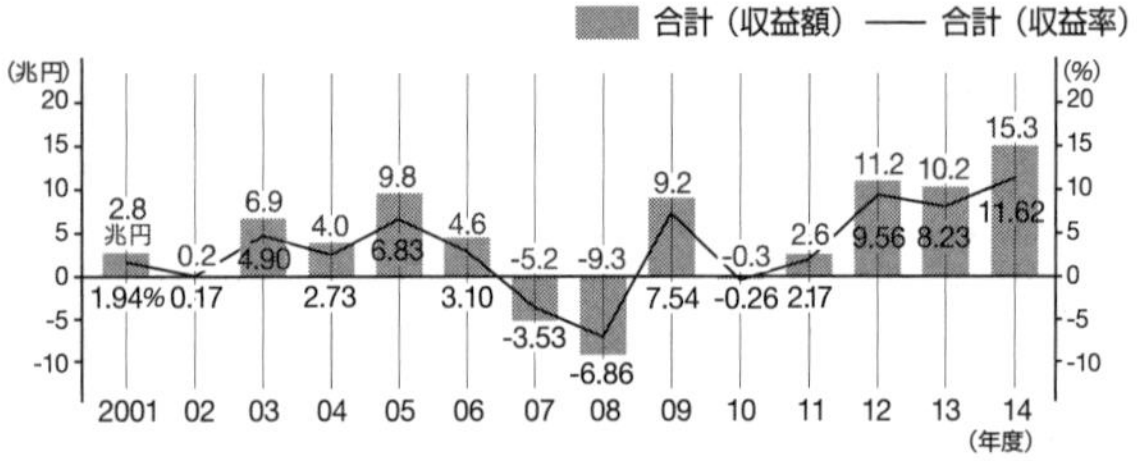

厚生労働省HP「平成26年度　年金積立金運用報告書」図表2-6をもとに作成

益を上げるというように収益額の振れ幅が非常に大きくなっています。今のところは海外・国内ともに総じて株価の上昇が続いているので問題は覆い隠されているのですが、この状況がいつ終わってまた09年度～11年度のような状況になるかわかりません。

現在政府としては長期的な積立金の目標運用利回りを【賃金上昇率＋1・7％／年】の水準としています。賃金上昇率というのは要は給料の上昇率なのですが、これが運用利回りの目標と関連してくるのは「厚生年金は給料の50％を下限とする一定以上の割合（所得代替率）が老後に給付される仕組み」なので、年金の給付水準が賃金上昇率に連動するからです。今のところこの16（01〜16）年をおしなべて見ると運用利回りは3・2％／年で、なおかつ皆さんご存知の通りこの期間デフレがつづきほとんど賃金が上がらなかったので、大幅に目標を超過しています。

これは大変喜ばしいことなのですが、問題は残り約20年間を通して【賃金上昇率＋1・7％／年】の運用利回りを達成できるかどうか、ということです。具体的には政府としては【2・0〜2・6％／年】の運用利回りを想定しますが、そのためには国内外の株式から継続して【5・2〜6・0％】の収益を上げる必要があります。

これがどういうことかというと、単純に言えばあと約20年間今のようなペースで株高が続いていなければならないということで、逆に言えばどこかで株高が止まれば積立金が不足することになります。その場合私たちが社会保険料の負担を増やすか、もしくは、将来の年金の受取額自体を減らしてしまうか、の二択を迫られることになります。このように年金に関しては表の財布である保険料と財政に加えて、裏の財布としての積立金があり、その積立金の残高は株価に左右される構造になっています。それもあり、現在日本政府は株高を保つためにありとあらゆる政策を取っています。資産として株式を持っていない人にとっても株価は人ごとではないのです。

「異次元緩和」とは何だったか

前項の最後に「現在日本政府は株高を保つためにありとあらゆる政策を取っています」と述べましたが、これは少し不正確な表現で株高政策を展開しているのは実は政府に限りません。というより株高政策の主役となっているのは、むしろ〝形式上は〟政府から独立している我が国の中央銀行である日本銀行です。

中央銀行は通貨発行権（＝紙幣を刷る権利）を有している唯一の主体なので、政府の直接の傘下に置くと大量に通貨を発行して政府に提供することで財政規律を緩め、ひいてはハイパーインフレーションを発生させかねないので、先進国では原則として政府からの独立性を担保しています。ただ先ほど〝形式上は〟と書いたのは理由があります。日本では日本銀行の意思決定に政府は直接関与できないようにはなっているのですが、政府が日銀のトップ及びナンバーツーである総裁と副総裁の人事権を握っているため「政府にとって都合のいい政策を取ってくれそうな人を選ぶ」ことはできるため間接的な影響力を行使することができるからです。そういう意味では現在の日本銀行のトップである黒田東彦総裁は安倍政権の金融政策を担う人物として政府が考え抜いた人事でもあります。

みなさんも聞いたことがあるでしょう、黒田総裁は「異次元緩和」、「ＥＴＦ大量購入」、「マイナス金利」などの従来の中央銀行の枠にとらわれない斬新な政策を展開してきました。ただこの意味するところを理解している人は必ずしも多くはないと思います。

そこでここで簡単にその意味するところを説明しますと、

・異次元緩和＝これまでとは次元の異なる量の通貨を発行
・ＥＴＦ大量購入＝日本銀行が間接的に上場株式を大量に購入
・マイナス金利＝民間の銀行が日本銀行に預けている口座の金利をマイナスに

というところです。これだけではそれぞれの行動がどのような意味を持つのかわかりにくいので、順々に確認していきましょう。

まずは「異次元緩和」です。黒田総裁は13年3月に就任してから文字通り「異次元」の量の通貨を発行してきました。それは日銀の財務諸表を見れば一目瞭然です。

黒田総裁が就任した直後13年3月末時点での日銀の資産規模は１６４兆８１２７億円

図13　日本銀行の資産残高の推移

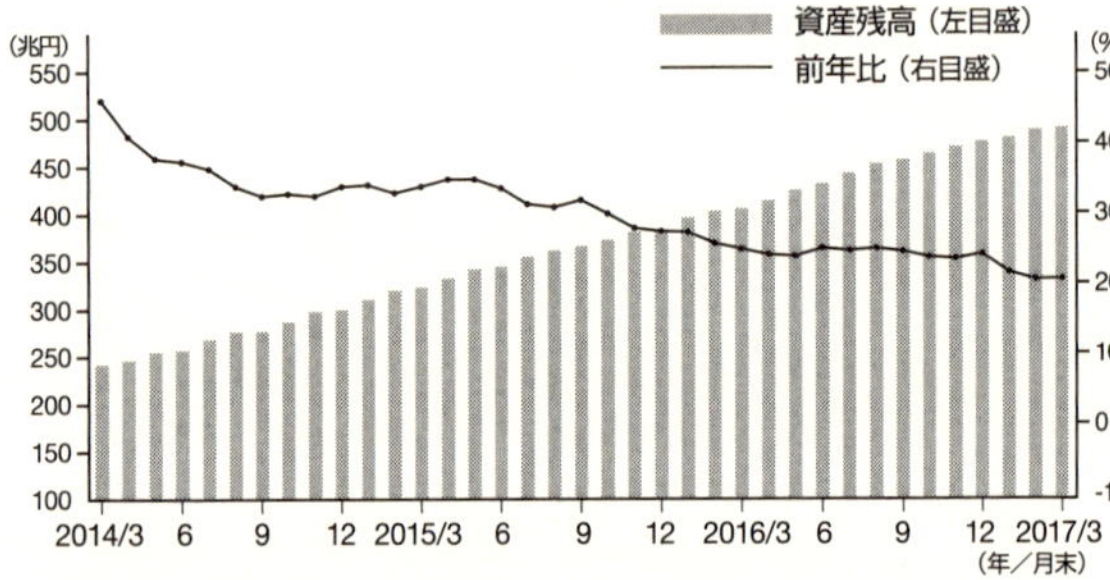

日本銀行HP「平成28年度　業務概況書」図表10をもとに作成

でした。これだけでもとんでもない規模といえば規模なのですが、そこから4年経った17年3月末の資産規模は490兆893億円です。なんとこの間に325兆円強資産規模が膨らんだわけで、本当にじゃぶじゃぶと通貨を発行して資産の購入を続けてきたことがわかります。では日銀はこんなに通貨を発行して何を購入したのか、ということなのですがこれも財務諸表の資産の変化を見ればわかります。この4年間で大幅に増加した資産は、

a　日本国債　125・3兆円→417・7兆円

b　（金融機関向けの）貸出金　25・4兆円→44・6兆円

c　信託財産指数連動型上場投資信託（ETF）　1・5兆円→12・9兆円

と、この3種類でほとんどを占めます。それぞれについて簡単に説明しますと、aの日本国債については、銀行や保険会社が保有していたものを市場を介して間接的に日銀が低金利で大量に買い取った形になります。このことの意味合いは次節で述べたいと思います。続いてbの貸出金は、民間の主要金融機関は日本銀行に預金口座を有しているのですが、この口座を通じて日銀が民間の金融機関に金利0％で大量に資金を貸し出したものです。

最後にcの「信託財産指数連動型上場投資信託（ETF）」とは日経平均株価やTOPIXやJPX日経400といった様々な株式を組み合わせた指数に連動するように設計された金融商品です。要は証券取引所に上場している株価が全体として上昇すれば価値が上がるように設計された金融商品ということです。先ほど「日本銀行が上場株式を間接的に大量購入する」と述べましたが、それはこのことですね。

このように日本銀行はこの4年間で年間平均80兆円の、まさに異次元のペースで、ジャブジャブとお金を刷って資産を購入してきました。さすがに最近ではこのペースは鈍って2017年12月22日現在の資産規模は518・9兆円（うち国債438・4兆円）と年間60兆円規模と拡大のペースが鈍り、2018年度には40兆円規模にまで減ると観測されているのですが、それにしても従来に比べれば「異次元緩和」であることには変わりありません。

ゼロ金利の二つの効果

このように凄まじい勢いで資産を拡大してきた日銀ですが、この異次元緩和によって二つの効果が生まれました。それは「低金利」と「円安」です。例えば10年国債の金利は0・577％から0・04％にまで0・5％以上下がり、円ドルレートは1ドル＝94・88円から1ドル＝112・52円と16％弱の円安となりました。

異次元緩和の効果をシンプルにまとめると、次のようになります。

（1） 低金利　10年国債の金利は0・5％下落
0・577％（2013年3月21日）→0・04％（17年11月30日）
（2） 円安　円ドルレートは16％弱下落

1ドル＝94・88円（13年3月21日）→112・52円（17年11月30日）

低金利になった理由は単純で、日銀が低金利で国債を大量購入したからです。基本的には国債の金利は市場で決まるものなのですが、この場合低金利の方が高価格ということになります。例えば1年国債を0・5％の金利で買うということは、100万円の国債を利子分の0・5％の金利を割り引いて、100万÷1・005≒99・5万円で買うということになります。これが金利0・04％ならば、100万÷1・0004≒99・9万円という具合です。

日銀がこれだけ国債を高く評価しているとなれば、銀行は転売で差益が取れることになります。そのため「政府が発行した国債を一度銀行が買い取って、それを日銀に売る」という取引が成立し、国債が日銀に大量に集まることになりました。

こうした政策はしばらく継続する予定で日銀は2016年9月に「長短金利操作付き量的・質的金融緩和」と呼ばれる政策を導入し、短期金利にマイナス金利を導入することも含めて10年国債の長期金利を0％近傍に落ち着かせることを目指しており、現状の0・04％（2018年5月1日時点）という金利はその目的に概ね沿ったものになっています。そのため今後しばらくの間はこの国債金利が0％に近い状況は続くことになっていくと思われます。これは政府の財政にとって非常にありがたいことです。前述した通り、18年度現在政府は1・0％の金利で9・0兆円の国債利子を支払っていますが、国債金利が低下すれば利払費が下がっていくことになりますからね。ただ現在発行されている国債が借り換えにより超低金利の国債に入れ替わるのに8年程度かかりますから、実際に利払費が低下していくのは今後のことになります。もちろん低金利もいいことばかりではなく様々な副作用もあるのですが、そのことは次節以降で考えることにしましょう。

このように日銀は13年3月以降低金利で国債を大量購入しジャブジャブと通貨を発行してきたのですが、その結果として為替市場において円が溢れて円安が促進しました。金融機関が日銀に国債を売って得た円の資金が、日本の低金利の環境を嫌い幾らかでも金利を得られるドルやユーロなどの外貨の購入に向かった結果、円の価値が下落した形です。

円はドルに限らず外貨に対して広く価値を落としており、相対的な為替の価値を示す実効為替レートは89・52（13年3月）から83・28（17年11月）と7％ほど価値を落としています。こうした円安効果によって海外売上比率の高い企業は大きな恩恵を被ることになりました。例えばアメリカでの売上が大きい企業は、円の価値が16％下落すれば、ドルベースの売上が変わらなくとも円ベースの売上はそれだけ伸びることになります。単純に１００ドルの売上が９４８８円だったものが、１万１２５２円になったということです。上場企業は海外売上比率が概して高く全体で見れば６割近くありますから、この円安による効果で上場企業の利益は一気に膨らみました。ましてや民主党政権下の09〜12年にかけては超円高で１ドル＝80円という時代があり、日本企業はコスト削減を徹底していましたから、13年以降しばらく多くの上場企業が市場最高益を達成し、株高が一気に進むことになりました。このように異次元緩和はポジティブな面では、

①国債の低金利化によって政府の財政を助ける
②円安により企業収益を改善し株高を演出する

という二つの効果を生み出しましたが、徐々に副作用が心配されはじめています。

あえぐ地方銀行

異次元緩和のネガティブな側面を考えてみましょう。

まず金利がつかないということは、貯金しても利子がつかないわけですから我々預金者の権益が損なわれることになります。また企業という視点で見ると採算性が低い事業でも融資が成立することになるため、確実性が高く採算性が低い事業が好まれ経済活動全体の効率が落ちることになるかもしれません。このように超低金利は大きな意味では個人の資産形成や経済のダイナミズムにいくつか問題をもたらすのですが、それを超えて最も直接的に影響を受けることになるのは銀行、特に地方銀行の経営です。

銀行というのは「お金を貸して金利を取る」のが商売ですから、金利が下がると同じだけお金を貸しても利幅が減ることになります。ただでさえ銀行の貸出金利はここ数年下がり続けてきましたが、日銀が長期金利操作を始めたことでさらなる低下は避けられない情勢です。加えてこれまで日本の多くの銀行は「日本国債を大量に保有して確実な利益を確保する」ということをしてきましたが、国債の長期金利は０％近傍にまで下がることが確実な情勢のため今後は国債保有により利益を確保することができなくなります。おまけに日銀の当座預金にはマイナス金利まで導入され始めており資金を寝かしておくわけにもいかなくなってきました。

このような情勢を受けて都市銀行は海外市場への進出などに力を入れており、上場企業の海外Ｍ＆Ａのアレンジメント支援などを活発化させ新たな収益源の開拓に力を入れています。ただそれでも経営環境は厳しく、現在口座維持手数料の導入などが検討されています。都市銀行ですらこのような状況なのですから、ましてや地方銀行はなおさら厳しい状況におかれています。

金融庁の発表によるとすでに過半数の地方銀行は本業の融資事業では赤字に陥っており、個人向け不動産融資やハイリスクな投資信託の販売を活発化させて利益を確保するようになっています。ただこうした状況は永続的なものではありませんし、消費者にとって望ましいものでもありませんし、また持続可能とも言えません。そのため政府としては地方銀行にビジネスモデルを変革するように迫っているところですが、今更何十年も親しんできたビジネスモデルを大きく変えることは難しいのが現実です。

当面は店舗や従業員削減などコストカットを進めて経営環境の変化に対応することになると思われますが、長期にわたって超低金利政策を続けた場合、経営危機に陥る地方銀行も多数出てくることになるでしょう。どこかの都市で地方銀行が経営危機に陥ると、その地方では貸し剝がしを含む大きな混乱が生じかねず、場合によっては金融システム全体の危機に発展しかねません。

こうしたことを考えると、超低金利政策というのはそれほど長くは続けられない「カンフル剤」的な政策と言わざるを得ません。今は一時的に政府や企業が元気になったように見えても継続的に使い続けるとどこかのタイミングで必ず歪みが出てきます。また「異次元緩和」という枠組みについても限界があり、日銀も通貨を発行できるからといってそういつまでも大量に国債を買い続けられるわけではありません。単純に国債の量が有限だからです。すでに日銀は発行済国債の50％近くを保有しており、仮に今までのペースで国債を買い続けたら10年後には国内の発行済国債の全てを買い取ってしまうことになります。それもあり、日銀は２０１７年に入って国債の買取量を減らし始めて、金利操作に政策の中心を移行しつつあります。

限界点は20年後に

このように、異次元緩和、超低金利政策はそろそろ「出口」を考えなければいけないタイミングが迫りつつあります。そのためには、財政の限界というものを考える必要があります。そもそもこの超低金利政策というのは、本質的には金利を下げることで財政における利払費の負担を下げて、政府が借金を増やして財政再建を先延ばしできるようにするために行われています。２０１８年度現在８８３兆円で１・０％の金利で９・０兆円の利払費の負担なわけですが、この金利が仮に０・５％程度まで落ちれば単純な計算上は１８００兆円まで政府の借金を拡大させても利払費は変わらないことになるという具合です。もちろん円安による企業収益の改善を通じた株高も大きな効果ですが、それとて一番の政策的効果は社会保障の裏の財源である年金積立金の残高の増加であることは前述の通りです。

17年12月末現在日本政府（関連機関含む）の国債は９８８兆１７２７億円に達しています。この国債の保有者の内訳は①日本銀行（43・2％）、②銀行等（19・6％）、③生損保等（20・6％）、④公的年金（4・6％）、⑤年金基金（3・0％）、⑥海外（6・1％）、⑦家計（1・3％）、⑧その他（1・2％）、⑨政府（0・3％）となっており、93・9％は国内機関が買っている構造になっています。

一般に日本政府の国債を国内の機関が買っているうちは、国債の大きな値崩れはないと考えられています。なぜなら国内金融機関が国債を大量に売りに出して値崩れさせたり日本経済を混乱させたりしても、結局のところ損するのは自分自身になってしまうからです。「借金はすればするほど借金をしている方が立場が強くなる」という言葉がありますが、今のところ日本政府と国内金融機関はそのような関係にあると言ってもいいのかもしれません。

一方で日本に拠点を置いていない海外金融機関はドライに損得勘定で国債を売り買いします。日本経済がどうなろうが、それが得になると考えれば国債を大量に売り浴びせて値崩れさせるようなこともしかねません。国債ではありませんが海外金融機関が国を危機に陥れた有名な事例としては、ジョージ・ソロス率いるヘッジファンドの集団がイギリスの通貨であるポンドを徹底的に売り浴びせた「ポンド危機」や、欧米ヘッジファンドが空売りを仕掛けて通貨の価値を暴落させてタイや韓国を経済危機にまで追い込んだ「アジア通貨危機」があります。

近年ではギリシャの財政破綻が記憶に新しいところですが、あれもギリシャ政府の粉飾決算を契機に海外金融機関がギリシャ国債を投げ売りしたことが直接のきっかけとなりました。このように財政破綻なり通貨危機なりの多くは海外金融機関がなんらかのきっかけで通貨なり国債なりの投げ売りを始めることで起きると言ってもいいでしょう。

日本の家計の金融資産は2017年12月末現在で1880兆円ありますから、国債の残高が988・2兆円といってもまだ国内で国債を吸収する余裕があると言えるでしょう。

短期債務や地方自治体の債務などを加えた政府部門全体の債務の規模でも1310兆円ですから、その意味では日本政府には金利さえ抑えれば、まだ問題を先送りする余裕があると言えそうです。ただし近年政府部門の債務は1年あたり20〜30兆円のペースで増えていますから、仮に間をとって年間25兆円のペースで借金が膨らんでいくと考えると、概ね20年後には限界に達することになります。

2037年ごろでしょうか。政府の債務規模と民間金融資産の規模が拮抗すると、さらに借金をするためには外国金融機関頼りにならざるを得ないため、政府として本気で財政再建と向き合わなければならなくなります。

もちろん民間金融資産の残高は若干上下しますし、政府の借金の増加のペースも一定というわけではありませんから実際にどうなるかはわかりません。ただ今政府・日銀一体で進められている財政再建の先送りもせいぜい続けられて20年程度である、と言ってもいいでしょう。

三位一体の先送り構図

この章では、低金利環境が財政赤字の拡大を許容し、社会保障関係費の膨張が財政赤字の拡大を加速させ、拡大しきった財政赤字を緩和的な金融環境が呑み込む、という三位一体の関係で社会保障制度の問題解決を先送りさせていく構図を見てきました。まとめると次のようになります。

1　財務省は「政治家の要請に応じて必要な資金を調達し借金を管理する機関」である。
2　短期的に重要なのは借金の総額（883兆円）ではなく毎年の利払費で、2018年度の利払費は9・0兆円。債務残高は00年代前半に比べて倍増したが、利払費は10兆円程度あった当時よりも低金利の影響で下がっている。
3　18年度の政府予算は97・7兆円で、20兆円弱の赤字国債が増えている。消費増税の効果は1％＝2・2兆円程度なので、10％に消費税を引き上げただけでは財政赤字はとても解消されない。とりあえず現状は問題を先送りしている状態。
4　18年度の社会保障関係予算（社会保障関係費）は32・9兆円で一般歳出の55・9％

と半分以上を占め、近年毎年５０００億円ペースで増加中。超高齢社会の到来を控え今後とも増加し続けることが見込まれる。

５　社会保障関係費以外の政府の予算は、社会保障費の拡大と反比例するように縮んできた。特に公共事業関係費の縮小は著しい。民主党政権はこうした現状を理解せず「ムダ削減」政策を掲げて失敗し、最終的に消費増税に踏み切った。その決断の直接のきっかけは「霞が関埋蔵金」と呼ばれた財政投融資特別会計の積立金が枯渇したこと。

６　17年度の社会保障給付は１２０・４兆円に拡大、ＧＤＰ比21・８％に上る。うち88％は高齢者向けの社会保障、子育て向け予算は５・１％。子育て向け予算は諸外国に比べて相当に低く、日本の少子高齢化は自業自得という面もある。

７　政府は12年以降、社会保障給付費の将来推計を示していない。この推計では25年に１４８・９兆円に拡大と予測されていたが、現状では大分下振れしている。これは追加的な消費増税の先行きが立たないため、財務省が１４８・９兆円を上限として予算の拡大に歯止めをかけているためと考えられる。

８　社会保障のうち年金に関しては「裏の財布」として年金積立金が用意されている。年金積立金は市場運用により39年度までに１７０兆円に増やし、その後60年かけて取り崩して年金財政を補塡することを予定。
9　年金積立金は民主党政権下で大きく119・4兆円まで減ったが、「アベノミクス」による株高と積立金運用の株式重視化で162・7兆円（17年度時点）まで回復。ただし株高の流れが止まるとまた目減りするので、政府は株高を維持すべく様々な政策を取っている。
10　株高政策として最も効果をあげたのは日本銀行の異次元緩和。日本銀行は4年間で通貨をじゃぶじゃぶ発行し、300兆円近い国債の購入、20兆円の銀行への新規貸出と11兆円のETF購入を実行、文字通り異次元の緩和を断行した。
11　異次元緩和の結果として超低金利と円安の環境がもたらされた。その結果財政の利払費が圧縮でき、円安を通じた海外収益の増幅効果により企業の収益が改善し株高が演出された。
12　異次元緩和による超低金利で、銀行の収益機会が奪われ特に地方銀行の将来の経営が危ぶまれている。地方銀行の破綻は金融システム全体の危機につながりかねない。
13　現在の年間25兆円ペースで政府部門の赤字が増えていけば2037年ごろには国内機関が日本国債を買い支えきれなくなり、外国金融機関に財政を依存しなければならなくなる。その時に先送りの限界が訪れ、政府は本格的に財政再建に取り組まなければいけなくなる。

第3章　迫り来る安全保障の危機

経済産業省の源流

前章では社会保障と財政と金融が一体となって問題が先送りされていく政治環境について説明してきましたが、この章では社会保障に並ぶ国の重要な役割である安全保障問題の先送り構造について考えていきます。

こう書くと「あなたは経済産業省の元官僚でしょう、財政や金融ならともかく安全保障は完全な門外漢では」という声が聞こえてきそうな気がしますが、経済産業省の歴史を考えると必ずしもそうとは言えない側面があります。

経済産業省の組織としての源流は、1881年に農商務省が設置されたことに遡ります。当時の日本の産業は農業と商業が中心で工業の要素がほとんどなかったことが「農商務省」という名前にも表れていますね。実際1876年段階のデータですと日本の労働人口は2028万人で、そのうち農業人口は1565万人と77・2%を占めています。この農商務省は1925年に組織改編が行われ、明治以降の日本の工業化を反映するため、また人口が多く貧困問題とも密接に関係していた農民・農村からの要望に応えるため、農林省と商工省に分割されます。こうして誕生した商工省は日本の工業化に対応して順次組織を拡大していくのですが、その過程で軍隊の近代化のための工業力を求める陸軍と政治的に関係を深めて徐々に飲み込まれていくことになります。

その鍵となったのが1937年に誕生した「企画院」という組織でした。企画院の前身は内閣調査局と内閣資源局という内閣直属の組織だったのですが、「内閣調査局」は主として革新官僚と呼ばれる当時の文官の若手官僚が、「内閣資源局」は統制派と呼ばれる陸軍の中堅幹部が中心となって誕生させた組織でした。内閣調査局の目的は、資本主義から脱却してソ連やナチスをモデルにした国家主義的経済体制に転換する、というところにありました。内閣調査局は必ずしも軍事的に先鋭だったわけではないのですが、この主張は経済と軍事の一体化を目指す陸軍にとって大変都合がいいものでもありました。そのため陸軍は国内のあらゆる資源管理を目的として設置した内閣資源局に内閣調査局を取り込むよう画策し、この工作が実り両者が合併して誕生したのが「企画院」でした。

太平洋戦争を支えた組織

企画院はいわば太平洋戦争を企画した組織と言ってもいいのですが、戦時中の1943年の大規模な省庁再編で商工省の工業部門と合併し、「軍需省」と名を変えます。同時に商工省の貿易部門は切り離されて外務省のアジア部門や通商部門などと統合し「大東亜省」となり、商工省の残された部門は再び農林省と合併し「農商省」となります。この農商省は現在の農林水産省の直接の前身組織ですね。

軍需省はその名の通り太平洋戦争を支える軍需経済を取り仕切る組織で、一方の大東亜省は「大東亜共栄圏」という太平洋戦争の理念となる広域経済圏構想をまとめる組織でした。

戦争が終わると軍需省はその役割を終えたとして解体され、1945年8月に商工省に名を戻します。そしてこの商工省は短期間に4度の組織再編を経て、その過程で大東亜省に切り出されていた貿易部門を戻されることに加え、同じく大東亜省から外務省に戻されていた通商部門が商工省に移管されることになりました。こうして商工省に通商の機能を加えて1949年に誕生したのが「通商産業省」（通産省）です。そしてこの通産省が2001年の省庁再編を経てリニューアルした官庁が現在の「経済産業省」ということになります。

このように経済産業省の直接の前身は通産省にあたるわけですが、そのさらに前身は「軍需省」と「大東亜省」という太平洋戦争を支えた二つの組織に辿り着きます。実際初期の通産省の幹部は商工省に入省して、戦時中を軍需省で過ごした官僚がほとんどで、1974年から76年にかけて通産省のトップである通産事務次官を務めた小松勇五郎氏に至っては軍需省入省です。

現在の経済産業省は大きく、国内産業部門、通商・貿易部門、資源エネルギー部門に分かれますが、それぞれの源流は、国内産業部門と貿易部門は商工省、通商部門は大東亜省に、資源エネルギー部門は企画院にあるとも言えるでしょう。

こうした経済産業省の歴史を現代の感覚で聞くと不思議なようですが、後述するように「太平洋戦争は経済体制をめぐる戦争だった」という側面が強いですから、納得のいく話でもあります。そんなわけで、経済体制と安全保障には密接な関係があり、そのことが経済産業省の歴史からも正当化されると考えると、経済産業省出身の私が安全保障を語るのも強《あなが》ちおかしくはないとも言えるのではないでしょうか。

安全保障に想定外は許されない

そのようなわけで、この章は「安全保障」をテーマに現在の政府の政策を評価することを目的とするわけですが、その出発点としてまずは「なぜ日本は太平洋戦争をしたのか?」ということについて考えていきたいと思います。

皆さんご存知のようにかつて日本は1930年代から45年にかけて、中国・アメリカなどと戦争を続け、そして最終的に敗北しました。我が国が太平洋戦争に至るまでに辿った大きな流れは以下の通りです。

・1931年に満州事変を起こして中国東北部で軍事力を行使し周辺地域を制圧。傀儡国家である「満州国」を樹立して大陸への進出を本格化する
・37年から全面的に中国との戦争に突入。主要都市を制圧
・41年から「東亜(東アジア)新秩序」の確立を唱えて第二次世界大戦に参戦。東南アジアに進出し、アメリカをはじめとする連合国との太平洋戦争に突入

・45年にポツダム宣言を受諾し太平洋戦争に敗北。大日本帝国は崩壊

この過程で国内外の戦場で数百万人の命が失われ、多くの都市は破壊され、広島と長崎には原子力爆弾が落とされるなど、数多くの悲劇が生まれました。詳細は後述しますがこうした国際紛争を原因とする悲劇への反省から、戦後日本を占領していたＧＨＱの指示もあり、我が国には国としての戦争放棄・軍隊不保持を宣言し超国家組織である国際連合に安全保障を委ねることを想定した憲法９条が誕生することになりました。

日本国憲法
第２章　戦争の放棄
第９条
日本国民は、正義と秩序を基調とする国際平和を誠実に希求し、国権の発動たる戦争と、武力による威嚇又は武力の行使は、国際紛争を解決する手段としては、永久にこれを放棄する。
２　前項の目的を達するため、陸海空軍その他の戦力は、これを保持しない。国

の交戦権は、これを認めない。

こうした国家の常備軍を廃止することにより戦争の根絶を目指すスタンスはある意味理想的ではあるのですが、しかしながら理想は理想に過ぎず現実には、太平洋戦争が終わるとすぐに米ソの対立が先鋭化し、1950年には朝鮮戦争が始まるなどアジアにも国際紛争は波及し世界はそれほど平和にはなりませんでした。

そのため我が国としてもこうした現実を背景に何らかの安全保障の措置をとる必要に迫られることになりました。そこで政府は、憲法9条の解釈を少しずつ変えて対外情勢に応じて国としての軍事機能を順次拡張することで、少しずつ自衛隊の整備なり日米同盟の拡充なりを進めてきたのはみなさんご存知の通りです。

ソ連が崩壊し冷戦が終わっても、今度は経済大国となった中国が海洋進出を進め尖閣諸島をはじめとする我が国島嶼部への領土的野望を露わにするようになり、また北朝鮮が核ミサイルの開発を進めるなど、相変わらず我が国をめぐる安全保障環境は落ち着きを見せる様子がありません。

それでも憲法9条の条文は変わるわけではないので、我が国では純粋な安全保障の議論というものが大変しづらく、安全保障に関する政治的な議論がすぐに憲法解釈や憲法改正の問題に直結してしまう宿命にあります。実際2015年から16年にかけて大騒ぎになった集団的自衛権に関する安全保障の議論も、いつのまにか集団的自衛権の合憲性や「立憲主義」に関する議論が中心となってしまい、与野党ともに「なんのために集団的自衛権が必要なのか」という議論が置いてきぼりになってしまいました。これはまさに本末転倒で我が国にとって大変不幸なことだったと思います。

戦争という緊急事態に関する議論をタブー視する姿勢はかつての原子力発電に対する「安全神話」に近いものがあります。我が国の原発行政はながらく「重大事故は起きない、起こさない」という考えの下で設備規制を中心に制度設計されていました。そのため東日本大震災で15メートル級の津波という「想定外」の自然災害で福島第一原発の全電源喪失という「想定外」の緊急事態に陥ると、事態の沈静化に向けた対応が後手後手に回り、あと一歩で首都圏が壊滅するという事態にまで追い込まれてしまいました。

こうした例をあげるまでもなく、安全保障において戦争の可能性を議論しないことは、なんらかの緊急事態が起きた場合に我が国の存続自体が危ぶまれる破滅的なリスクを抱えることになりかねません。なお現在原子力発電に関する規制は「確率論的リスク評価

（PRA）」というあらゆる可能性を考慮して、重大事故が起きた場合も含めて対策を講じる手法が導入され、かつての安全神話は跡形もありません。

何が言いたいのかというと、安全保障に関しては憲法の制約を一度忘れてあらゆる可能性を考慮することが重要で、この本では「安全保障に関する議論は憲法9条の議論に巻き取られてしまい、議論が深まらない」という軛を逃れるため、当面憲法9条のあり方や戦争に関する倫理的な議論に踏み込まず、まずは淡々と安全保障に関する議論を進めていこうと思います。ここから「なぜ日本は太平洋戦争をしたのか？」ということを考えるにあたっても、戦争という行為そのものに対する倫理的な評価はせずに、あくまで太平洋戦争を企画した当事者たちが、何を考え、どのようなことをしたのか、という論理と事実関係を把握していくことになりますので、その点まずは皆様ご了承くださいますようお願いします。

東條英機の弁護人

前置きが長くなりましたが、本題に入りたいと思います。

さて戦前の日本にはドイツにおけるヒトラーやナチスのような独裁者や独裁的な政党

が存在したわけではないので、「なぜ日本は太平洋戦争をしたのか？」ということに対する答えは必ずしも定まらず難しい問題です。ただ太平洋戦争の開戦を決断した当事者であるいわゆるA級戦犯容疑者たちは極東国際軍事裁判（東京裁判）において、太平洋戦争開戦に至る経緯および理由について経済的観点から弁明を図ろうとしています。以下長くなりますがその内容を、東條英機の主任弁護人を務めた清瀬一郎弁護人の東京裁判における冒頭陳述から引用します。

「日本は領土は狭小で、資源は貧弱で、しかも急速に増加する過剰人口を包容してその経済を維持するためには移民を実行するか、貿易に依存するか、工業化によるか、この外には途《みち》はありません。そうして移民は多くの西洋諸国から閉鎖されましたが故に、日本としては貿易と工業化とに進まざるを得なくなりまして、自然この方向に打開の途を採って歩んできたのであります。殊に東亜においては土地が近接せることと特殊の利益を有するため、なおさら斯《か》くすることが自然でありました。

然るに世界恐慌の暴風雨に襲われ、一九三一年九月にイギリスが遂《つい》に金本位停止を為すに及んだのであります。各国も続々これに倣いまして、翌一九三二年七月にはオタワ会議が開かれて、大英帝国ブロックが結成されるに至りまするや、世界は挙げて関税戦が熾烈になりまして、通商障壁は激成されました。然るに日本はこのときも依然として自由通商主義を守って変わらなかったのであります。一九三三年の六月に世界通貨経済会議が開催せられますや、日本は多大の希望を以ってこれに参加しました。日本代表の石井菊次郎子爵は日本の主張を熱烈に披瀝しましたが、遂に同会議は不成功に終わりました。これはアメリカの態度が重大な原因となっております。

一九三四年英国の提議によって日英会商が開催されました。日本はこの会議に臨みましたけれども、英国側は英帝国のみならず第三国市場についても割当制限並《ならび》に指定制を逼《せま》ったのであります。

これには日本としては到底承服はできません。従ってこの会商は、成功を得るに至らずに終わりました。その結果ランシマン商相の声明によってその植民地全体を挙げて日本に対する貿易制限を実施したのであります。

これと同時にイギリスと蘭印との通商交渉が開始せられ、後者は日本品に対して輸入防遏《ぼうあつ》の強行手段を採りました。これに次いで日蘭会商が提議されました。この会議は一九三四年六月から開始されたが、イギリスと事情を異にする日本とオランダとの貿易調整は非常に困難でありました。他方ちょうどこのときに支那における排日運動がまたこれ激化しまして、斯くして貿易に依らなければ生きて行けぬ日本としては深刻なる難局に遭遇したのであります。

かかる世界の経済難局に影響せられて、日本は統制経済に転向して、ブロックを形成して経済の自立を企図しなければならぬように立ち至ったのであります」（引用にあたって一部表記を改めました）

希少資源と過剰人口

清瀬一郎はあくまでA級戦犯とされた側の弁護人ですから、全てを文字通りに受け取ることはもちろんできないわけですが、この冒頭陳述は日本が戦争にいたった経済的理由を端的にまとめていると思います。いくつかデータを引用しながら日本の主張の軸を大きく3点でまとめると次のようになります。

（1）日本の内地人口は１８７２年に３４８０・６万人だったが、開戦時の１９４１年には７２２１・８万人と70年の間で2倍以上に増えていた。国土が狭いことから日本の農業人口は1500〜1600万人程度で頭打ちになっており、日本で増え続ける人口を養うには、食料資源の確保、雇用確保、経済振興、などの観点で工業化と自由貿易に活路を求めるしかなかった。

（2）しかしながら1929年の世界恐慌を契機に自由貿易の基盤となっていた金本位制が崩れ、英、米、仏はそれぞれの通貨圏（ポンド、ドル、フラン）で自給自足を目指して閉じたブロック経済圏を形成するために、関税障壁を設けるようになった。アメリカは1930年にスムートホーレー法を制定し、国内産業保護のために2万品目の関税率を平均で50％引き上げている。こうした中1933年に自由通商の回復を求めて開催された世界通貨経済会議は失敗に終わり、各国のブロック経済化は拍車がかかった。特にイギリスはインドも含めた連邦全体で日本製品を狙い撃ちにして市場から排除する措置をとり、オランダ領インドネシアなどもそれに続いた。

（3）あわせてこのタイミングで中国における排日運動が激化した。日本は日露戦争やいわゆる21カ条要求や満州事変によって中国に特殊権益を有していたが、これが危機にさらされることになった。こうして自由貿易の崩壊と中国の特殊権益の危機という難局に挟まれた日本は、ついに列強に倣い独自のブロック経済圏を構築することを決意した。

より端的にまとめると日本は「元来の希少資源とそれに比した過剰人口」の問題を解消するために貿易を活発化させようとしたものの、「自由貿易体制の崩壊」でその道が閉ざされ、「世界経済のブロック化」の流れの中でアジアで独自の自給自足経済圏を作るべくその矛先を中国・東南アジアに向けた、といったところでしょうか。

ここで（2）で触れた「金本位制」について少し補足しますと、当時の世界経済において「金」は特別な地位を占めていました。現代の世界経済では日本では「円」、ヨーロッパでは「ユーロ」、中国では「元」などと各地域でそれぞれの通貨が使用される一方で、世界の基軸通貨として唯一の超大国であるアメリカの通貨「ドル」が普及しており、ドルの存在がそれぞれの通貨を接続して世界経済を一体化する役割を果たしています。いわば「ドル本位制」と言えます。

金本位制

戦前はドルのような基軸通貨がありませんでしたから、それぞれの通貨の価値を測る共通の基準として用いられたのが「金」でした。各国の紙幣はそれぞれ決まった割合で

「金」と交換することができる「兌換紙幣」で、金が各通貨の価値を担保することで異なる通貨圏とでも貿易することが可能となりました。こうした通貨体制を「金本位制」と呼びます。しかしながら1929年に世界大恐慌が起きると、各国は金融不安によって自国通貨が売られて金が国外に流出することを懸念し、金本位制から離脱して自国通貨圏内のみで自給自足する経済ブロックを構築することを目指すようになります。

こうした状況を懸念して1933年にはイギリスとフランスが主導してロンドンで世界通貨経済会議が開かれ64ヶ国が集まり再び金本位制を再開し自由通商体制を再構築しようと試みますが、この会議はアメリカのサボタージュにより完全に失敗に終わります。アメリカは通貨を大量に発行して公共事業を行うことで国内経済を活性化させたかったのですが、そのためには通貨の発行量にあわせて金を準備しなければならない金本位制は邪魔だったのです。

こうして国際的な金本位制が崩壊したことで、自由通商体制は瓦解し、各国はブロック経済圏構築に勤《いそ》しむことになり、自給自足を実現するに十分な植民地を持たない大国であった日本とドイツは対外拡張政策を加速させていくことになりました。

こうした意味で、金本位制と自由通商体制を終わらせた1933年の世界通貨経済会議は経済的な意味で第二次世界大戦への流れを決定づけたものと言えるでしょう。実際このころの日本の貿易額を見てみると、世界恐慌前の1929年の総貿易額が43・7億円（輸出21・5億円、輸入22・2億円）だったものが、1931年には総貿易額23・9億円（輸出11・5億円、輸入12・4億円）と激減しています。

ここから日本は中国への進出を強めて、輸出を飛躍的に伸ばしていき、太平洋戦争直前の1940年には総貿易額71・1億円（輸出36・6億円、輸入34・5億円）と貿易額を3倍にまで増やし、GDPも1930年の117・4億円から310・4億円と飛躍的に伸びます。インフレがあったことを考慮しても、日本の対外拡張は少なくとも短期的には成功していたと評価してもいいでしょう。だからこそ日本は戦争に突入し、それを国民も支持したのです。

ここでは経済的な面から太平洋戦争の動機を探ってきましたが、少し専門的で主語が大きくなってしまったので、ここから実際日本が太平洋戦争にいたる過程で大きな役割を果たした二人の人物の実績と併せて詳しく解説していきます。

軍人・永田鉄山の遺した理論

一人目に取り上げるのは永田鉄山（１８８４～１９３５年）という帝国陸軍の軍人です。

永田は日中戦争・太平洋戦争開戦前に陸軍内部の派閥抗争の過程で暗殺により亡くなってしまったため世間的な知名度はそれほど高くありません。しかしながら１９２０年代から30年代にかけて陸軍内部の中堅幹部をまとめて一大勢力を作り上げ、「永田の前に永田なく、永田の後に永田なし」とまで評された無類の影響力を発揮した人物で、太平洋戦争に至るまでの陸軍内の理論的体系を実質的に構築した人物とみられています。その意味で「彼がどのようなことを考えていたか」ということを理解するのは、太平洋戦争前の日本の安全保障観を知る上で重要です。

簡単に永田のキャリアを見ていきますと、永田は長野県諏訪郡（現・諏訪市）に生まれ、東京陸軍地方幼年学校、陸軍士官学校、陸軍大学校とエリートコースを進み、卒業後連隊勤務や教育総監部を経て１９１３年、29歳の時に軍事研究のためドイツに派遣されました。

この駐在中に欧州で第一次世界大戦（１９１４～18年）が起こり、これが永田の人生を大きく変えることになります。当初第一次世界大戦は短期決戦で終わると見られていたこともあり大戦が勃発してすぐに永田は日本に帰国することになりますが、戦争が予想に反して長期化すると、永田は調査のため１９１５年から２年ほど北欧に駐在することになりました。さらに大戦後の１９２０年にもスイスに渡り「ドイツはなぜ英仏露米という列強相手に４年も戦い抜けたのか」という観点から追加的に調査に当たることになりました。こうした三度に及ぶ調査で第一次世界大戦を徹底的に研究した永田は、大戦を機に戦争のあり方が以下のように大きく変わったと確信します。

・これからの戦争は短期決戦の後講和し戦争を終結させることがほとんど不可能になり、長期持久で徹底的に戦われる「総力戦」に移行する
・そのため長期の戦争を支えうる経済力が勝敗の決定を大きく左右するようになり、国防のためには工業生産力の強化とその生産力を緊急時に軍事に転化するための「国家総動員」体制の整備が不可欠となる
・大戦後に設立された国際連盟は、国際社会を「力」から「法」による支配へ転換させることを目的としたものであるが、残念ながらその実行力を欠いている。したがっ

て現在の平和は「長期休戦」と呼ぶにふさわしく次期大戦は不可避である・また国家間の同盟や提携関係が戦争の前提となる中で、外交上の制約に縛られず総力戦を遂行するためには、必要な資源については国際分業に頼らず「自給自足で確保する」体制を確立するのが重要になる

こうした安全保障をめぐる根本的な環境変化に対応できていない日本の国防体制に永田は大いに危機感を覚え、東條英機や石原莞爾や板垣征四郎や武藤章といった後々満州事変や日中戦争や太平洋戦争を主導することになる陸軍中堅幹部の面々と「木曜会」「一夕会」といった派閥を形成するようになります。自身のキャリアとしては1926年に「国家総動員機関設置準備委員会」の幹事となり、国家総動員を実現するための機関として「内閣資源局」の設立にこぎつけます。

この内閣資源局は今の資源エネルギー庁の源流になる組織ですが、永田に言わせればこの内閣資源局の役割は「広く国防に関係を有する一切の人的および物的資源の調査、統制、運用等に関し連絡統一の事務に任ず」というもので広い意味での国防に関わる資源一切を統制する司令塔となることを想定したものでした。ここで永田は徹底的に国内

外の資源需給体制の調査を行なった結果、重要資源に関する日本の現状について以下のような評価を下します。

・鉄鉱石について中国からの輸入量が多く、また満州・モンゴル地域（満蒙）では埋蔵量が非常に多い。したがって資源が豊富で近い中国にこれを求めざるを得ない。
・鉄は米英独からの輸入が多いので、今後満州・朝鮮において設備投資を積極化して生産を拡大して自給率を高めていくことが重要
・石炭は国内産もあるが優良炭に乏しい。戦時不足を補うためには満蒙、北部中国の資源を必要とする
・石油については樺太での生産では足りず、アメリカからの輸入に頼っている。中国にも多少の油田はあるが供給の見通しが立たず、速やかに燃料国策を考える必要がある

この調査結果はその後の日本の対外拡張の基本的な方向性を決めたものと言っても過言ではない内容になっています。永田は「日本が総力戦を戦い抜くためには鉄鉱石や鉄

や石炭の確保が必要で、そのためには満蒙の占領にとどまらず北部中国を最低限支配する必要がある」と考えていました。こうした永田の考えは陸軍の派閥の中で広く共有されたもので、1931年に起きた満州事変に関しても1928年3月の時点で木曜会において「帝国自存のため、満蒙に完全な政治的権力を確立するを要す」との結論が出されています。

このように永田の思想は個人レベルではなく、派閥レベルでコンセンサスを得ていたので1935年に彼が暗殺によって亡くなった後も東條英機や武藤章のような腹心によって引き継がれていくことになります。実際日本の陸軍は満州事変後も既定路線通り、日中戦争によって北部中国の支配を実現しました。その意味では陸軍の一連の行動は「長期の安全保障戦略に沿ったものだった」と言ってもいいでしょう。

盲点だった石油依存

他方で永田は「石油に関してはアジア圏での確保のめどが立っておらず、速やかに国策を考える必要がある」とまとめており、対米構想に関しては方針が定められないまま亡くなります。いわばアメリカに対する石油依存は永田の資源自給体制構築の盲点となっており、日本は1930年代の対外拡張を経ても石油に対する自給体制が全く整いませんでした。

陸軍としては「アメリカは孤立戦略を取っていること、またアジアに対して死活的な利益を有していないことから、日本がアジアで軍事行動を展開しても日米関係は決定的に破綻することはない」と甘い見通しを持っていたのですが、これは見事に裏切られることになります。日本が仏印（ベトナム・カンボジア）に進出すると、アメリカはイギリスのアジア植民地が日本に奪われ、イギリスがドイツとの関係で一層危機に追い込まれることを恐れ1941年8月に日本に対して石油の全面禁輸という決定的な措置を講じます。これにより石油の供給の見通しが全く立たなくなったことが日本が太平洋戦争開戦を決断する直接のきっかけとなりました。

1941年8月から12月にかけては戦争を避けるために対米交渉が行われますが、その最中の1941年10月8日に東條英機陸軍大臣はアメリカからの対中国撤兵要求を受けて「支那事変にて数万の精霊を失い、みすみす中国を去るはなんとも忍びず。ただし日米戦とならばさらに数万の人員を失うことを思えば、撤兵も考えざるべからざるも決しかねるところなり」との発言を残しており、日米関係決裂が陸軍にとって想定外であったことを如実に物語っています。

　結果として日本は開戦を決断し、石油を確保する戦略を即席で立案して東南アジアのイギリスやオランダの権益下にあった油田を占領するのですが、こうした太平洋戦争の基本戦略は十分に練られていないものだったので、戦線を維持することができずすぐに限界を露呈することになってしまいます。

　このように永田は第一次世界大戦のドイツをモデルに日本の国防体制を「総力戦」の時代に最適化し、あらゆる戦時資源を、日本、朝鮮、台湾、中国を含む極東地域で自給できる体制を構築することを目指しましたが、石油資源だけは極東で自給できる見通しがたたず、この部分に関する資源確保戦略を空白にしたまま、楽観的な日米関係を前提として安全保障戦略を立案してしまいました。永田の思想は陸軍内の派閥を通じて彼の死後も引き継がれ、その大筋は満州事変・日中戦争を通じて実現していきますが、ついにはこれがイギリスとの同盟を重視するアメリカの反発を招き、石油の全面禁輸措置を受けることになってしまいます。これにより日本は当初の安全保障戦略の枠を超えて東南アジアに進出せざるを得なくなり、太平洋戦争に踏み出すことになりました。第一次世界大戦においてドイツの敗北を招いたのは想定外だったアメリカの参戦でしたが、そのドイツをモデルにした日本が負ける戦争である太平洋戦争を開戦する原因となったのもまた、アメリカとの想定外の外交破綻だったのはやや皮肉めいています。

岸信介のドイツ視察

二人目に取り上げるのは「昭和の妖怪」こと岸信介（１８９６～１９８７年）です。現在の安倍晋三首相のおじいさんにあたる人ですね。岸は戦後Ａ級戦犯として訴追されながら首相にまで上り詰めた稀有な人物ですが、そのキャリアの始まりは農商務省でした。当時東大のトップレベルの人材は大蔵省か内務省に行くことが王道とされていましたが、岸は東大法学部でも首席と呼ばれるほどの頭脳を誇っていながら農商務省に入省することを選びます。

この理由について岸は「これからの政治の実体は経済にありと考えた」と述べ、政治家になるための選択肢であったことを述べています。農商務省が農林省と商工省に分かれると岸は商工省に進むのですが、ここで事務官として１９２６年にアメリカの万博に視察に行くことになりました。この時岸は日米の経済のスケールの違いに愕然とし、アメリカ資本主義が日本経済のモデルとはならないことを悟ります。しかしその後に渡ったドイツに岸は希望を見出します。

当時第一次世界大戦後の賠償金の支払いに喘いでいたドイツは、高度の技術と経営の科学的管理を以て経済再建を目指す「産業合理化運動」に邁進していました。この時のことを岸は後日「ドイツでは日本と同じように資源がないのに、発達した技術と経営の科学的管理によって経済の発展を図ろうとしていた。私は『日本の行く道はこれだ』と確信した。アメリカにはとても歯が立たないけれど、ドイツ式であれば日本もできるということだ」と振り返っています。

岸は日本に帰国後ドイツの産業合理化運動について詳細な報告書をまとめたのですが、このレポートは3年後の1929年に「金解禁」を目指す浜口雄幸内閣で注目されることになります。当時貿易赤字が恒常化していた日本では、金輸出を禁止することで金の流出を防ぎ、実質的に国際的な金本位制から離脱していました。これが各国から「自由貿易体制へのタダ乗り」や「通貨切り下げ（＝円安誘導）によるダンピング輸出」と批判の対象となっており、自由貿易に日本経済の活路を見出した浜口内閣を悩ませていました。浜口はこうした国際批判に応えて金輸出を解禁し金本位制に復帰するためには、日本の産業もそれ相応の競争力をつけて貿易赤字体制を克服する必要があると考え、そのためのアプローチとして「産業合理化」に注目しました。

産業合理化により「国産品の性能・コスト競争力を高めて、海外から資源を輸入して日本国内で加工・生産して国内需要の供給を賄い、また完成品を輸出する」という加工貿易立国の経済モデルに転換すれば、資源がない日本でも貿易収支を黒字にすることができ、金本位制に日本も復帰できると考えたのです。

フルセット型産業構造

こうして商工行政の先頭に立つことになった岸は産業合理化の精神を、第一に「自由競争の否定」であり「企業間の協働」であること、第二に「コスト低下に主眼を置く」こと、だと説明します。そして具体的な政策として、企業合同、カルテル（企業連合）化を促進して「無秩序な競争」を排除し、規格の統一を図り、生産管理、流れ作業、財務管理を導入して能率をあげ、自動車などの重要産業を許可制にしてプレーヤーを限定して保護・育成していきます。

岸が1931年に立案した「重要産業統制法」は、カルテル指導による産業合理化を目指したもので、商工大臣が指定する24業種に対して半ば強制的にカルテルを組成させて、過当競争を取り締まり、またその活動にも介入し、工業国家として必要な重要産業について「フルセット」の生産機能を獲得するというものでした。これはそれまで自由な領域とされていた経済の領域に国家が強権的に介入するという意味において、またそれが一定の成果をあげたという意味で画期的でした。

日産、トヨタ、いすゞ、などの自動車事業はこの時期に政府が外資を排除して、内資の育成を後押しして立ち上がったものです。余談ではありますが、こうした岸がとった手法は戦後の通産省にも引き継がれ、電子産業の育成などに活用されていくことになります。岸は日本において初めて「産業政策」というものを確立させた人物であったと考えられています。

話は逸れましたが、こうした国家主導で合理的なフルセット型の産業構造を構築し国際収支を改善することを目指す岸の強権的な商工行政に注目したのが陸軍でした。当時陸軍には「強い国防のためには、戦時転用できる工業生産力と、戦争を支える経済力が必要」という総力戦の思想が広がりつつありましたが、それを経済の面で実現できる官僚を求めていました。そこで白羽の矢がたてられたのが新進気鋭の商工官僚だった岸で、自動車産業の育成などは軍部と商工省が一体となって進めていきました。

陸軍から絶大な信頼を得た岸は、１９３６年10月に満州に赴任しここで計画経済の推進に辣腕を振るいます。岸は満州国で「産業開発５カ年計画」の実行に取り組み、その実現のために鮎川義介率いる日産コンツェルンを満州に誘致します。こうして岸は、商工部局、陸軍、日産、が一体となって満州を開発する枠組みを構築し、翌年に始まった日中戦争を生産面で全面的に支え、また日本本国には資源を供給します。

当時の岸のやり方についてその部下であった古海忠之は「重要産業には必要な国家資本を投入し、各特殊会社法に基づいて必要な統制を加え、国家の指導監督を強化して企業の運営を計るが、その他の分野は個人の自由に委《まか》すというやり方であった」と述べています。

経済より国防が格上

こうして満州において陸軍の望む総力戦経済の構築に成果を上げた岸は１９３９年10月に日本に帰ると今度は古巣の商工省の役人のトップである商工次官に就任します。この時のことを振り返って岸は「日本の置かれている情勢から、国防産業を中核として国防国家を考えなければいけない」と思ったと述べています。しかしながら１９４１年１

月に岸は、「経済新体制」を巡って当時の小林一三商工大臣と対立して失脚することになります。この「経済新体制」とは要は国防国家のあり方をまとめたもので、その中核的思想については「経済新体制確立要綱」の基本方針に以下のようにまとめられています。

「日満支を一環とし大東亜を包容して自給自足の共栄圏を確立し、其の圏内に於ける資源に基きて国防経済の自主性を確保し官民協力の下に重要産業を中心として総合的計画経済を遂行し以て時局の緊急に対処し国防国家体制の完成に資し依って軍備の充実国民生活の安定国民経済の恒久的繁栄を図らんとす」

つまりは日本、満州、中国を中心に東アジア自給自足の経済圏を作るというブロック経済圏構想で、その実現のために官民が一体となって計画的に経済を運営し、国防国家体制を作り上げ、ひいては国民経済の発展を図るというものでした。

これは裏を返せば国防を経済よりも一段上のものと位置付けて財界の経済的自由を奪う構想ですから、阪急東宝グループの創始者で財界の代表でもあった当時の小林一三商工大臣は強く反発し、こうした構想を推し進めている官僚の代表格と見なされた岸を商工省から追放してしまいます。しかしながら岸を追放した小林一三はすぐに陸軍幹部や政治家の吊るし上げにあって失脚してしまい、一方の岸は1941年10月に東條英機内閣が発足すると、今度は商工大臣として表舞台に復帰することになります。

こうして同年12月、太平洋戦争開戦を商工大臣として迎えた岸は、軍需生産を一手に担うことになります。翌年3月に岸は「真の総力戦態勢の確立強化」のためには、①重要産業の統制の強化、②重要物資の貯蔵、配給、管理の統制の強化、③国防産業および基礎産業の生産力拡充と産業再編の推進、④大東亜共栄圏経済の自給自足体制の確立、⑤物価統制、これらを進めるべきと講演しています。

要は経済全体の国家管理ですね。1943年に軍需省が発足すると、岸は大臣級の軍需次官に就任し自らが構築した統制経済体制をフル稼働させてひたすらに航空機生産の拡充を目指します。この軍需省の設置の目的については、艦隊を作るのが困難になった中で、最後の決戦をするためには航空機の大増産が必要でそのために特化した体制が必要だったと説明されています。しかし1944年7月にサイパンが陥落すると、本土がB29の爆撃の対象範囲に入ることから、岸は軍需生産の観点でこれ以上の戦争継続は無理と考えるようになり、東條内閣の倒閣運動に走りました。

こうして同月中に、東條内閣共々岸は軍需次官の任を離れることになり、彼の太平洋戦争は終りを告げることになります。

このように岸は当初金解禁を前にドイツをモデルにして日本を工業化することで、内需を満たし輸出を振興し、貿易収支を改善することを目指しました。そのためにはフルセット型の産業構造を実現する必要があり、その手段として政府による産業活動の統制を志向するようになり、カルテルによる過当競争の排除や規格の統一化による生産の合理化を強権的に進めるようになります。

こうした岸の思想は総力戦体制構築を目指す陸軍にとって都合がよく、また岸にとっても統制経済を実現するための手段として陸軍は利用価値がありました。政府として本来自由であるべき経済活動を統制するためには「自由」そのもの以上の絶対的価値が必要とされ、それが「国防」であったということなのだと思います。そのため岸は徐々に陸軍に取り込まれ、総力戦体制構築、国防国家建設のためのキーマンとして活躍するようになっていきます。しかしながら彼が目指した統制経済の限界は、必然的に国防の限界とともに訪れることになりました。

本来自由貿易体制の中でも戦える強い日本経済を目指した岸の行き着く先が、自給自足経済圏だったのは皮肉ですが、彼の目指した「産業合理化」の思想は戦後通商産業省にも引き継がれていくことになります。

アメリカが描こうとした平和

ここまでいくつかの観点で太平洋戦争を見てきましたが、いずれの観点においても太平洋戦争は日本にとって「自給自足の広域経済圏を作る」という意味合いが強い戦争だったと言えると思います。

また第二次世界大戦のヨーロッパ側の枢軸国陣営の中心であったドイツにとっても、ここまで述べてきたような１９２９年以降金本位制が崩壊し世界経済が自由貿易からブロック経済に変質していく情勢は変わらなかったわけで、第二次世界大戦自体が経済的な意味合いが強い戦争だったということができると思います。

実際日本は安全保障面でも経済面でもドイツをモデルとした国づくりを進めていましたから、その意味では第二次世界大戦はヨーロッパとアジアの類似した体制の国が、同じような課題への解決策として、連携して起こした戦争とも捉えることができます。

このように第二次世界大戦が経済的な要因によって起きた戦争であった以上、大戦末期には戦後に世界の覇者となることが見込まれたアメリカが平和を実現するために世界経済の不安要因をどのように克服するかが注目されました。

そのような中、１９４４年７月にアメリカのニューハンプシャー州のブレトン・ウッズで連合国44ヶ国があつまり、連合国通貨金融会議が開かれました。この場でアメリカは次の３点を提案、これが協定として締結され、翌年に発効されることになります。

1　ドルを唯一の兌換紙幣とする固定相場制（金ドル本位制）を採用すること
2　国際的な金融や為替取引の調整の場であるＩＭＦ（国際通貨基金）の設立
3　第二次世界大戦後の各国の復興を援助するＩＢＲＤ（国際復興開発銀行）の設立

これが名高い「ブレトン・ウッズ協定」です。アメリカはドルを基軸通貨とすることで自由貿易体制を再生させて世界経済を再び一つにし、その経済体制をＩＭＦを通じて監視し、ＩＢＲＤによって加速させることで、経済を通じて世界の覇権を握ることを目指したのです。そして第二次世界大戦を通じて世界に展開することになった超大国アメリカの軍隊はこの「ブレトン・ウッズ体制」と呼ばれる自由貿易体制を守るため、またこのシステムに参加する同盟国をソ連の脅威から保護するために全力を尽くすことを約束しました。よく勘違いされますが、アメリカ海軍が守っているのは「アメリカの利権」ではなく「自由貿易経済体制」そのものなのです。

アメリカのブレトン・ウッズにおける提案は連合国はもちろん、日本やドイツのような敗戦国にとっても非常に魅力的でした。ここまで再三述べてきた通り、日本やドイツを戦争に導いた最大の経済的要因は自由貿易体制の崩壊でしたから「アメリカという世界最大の市場を持つ国が自ら中心になって自由貿易の旗振り役を演じてくれる上、自由貿易の為替調整コストも安全保障コストもアメリカが受け持ってくれる」という提案はまさに渡りに船でした。

こうしてブレトン・ウッズ体制に参画した日本は、ＩＢＲＤやアメリカからの直接融資を受けてインフラを再整備し、従来はアクセスすらできなかった中東市場から石油資源を獲得し、有利な固定為替レートで世界最大の市場であるアメリカに対して大量の工業製品を輸出し、奇跡的なスピードで経済復興を遂げていくことになります。

これは西側陣営と呼ばれた欧州の国々も同様で、彼らも順調に戦後復興を遂げていきますが、これはアメリカから見れば他国の輸出を受け入れる貿易赤字と、膨大な軍事力を維持するための財政赤字という「双子の赤字」の継続を強いられる非常に負担が重いシステムでした。アメリカはこれに耐えきれずに、継続的な貿易赤字に伴う為替調整コストに音を上げて1971年に金とドルの交換を停止し、世界は固定相場制から変動相場制に移行することになります。これによりブレトン・ウッズ体制は崩壊し、世界は多極化すると予測されましたが、それから40年以上たった現代においてもドルの基軸通貨としての地位は揺るがず「金ドル本位制」から「ドル本位制」に移行したことでブレトン・ウッズ体制の根本は維持されています。それどころかアメリカが為替調整コストを負わずに済むようになったことでそのシステムは拡大し、閉鎖経済体制を取っていた共産陣営から中国を中心とするアジア諸国を自由貿易体制内に引きこみ、さらにはこの拡大するシステムに一国で対抗しようとしたソ連を経済的破綻に追い込み、ごく一部を除いて世界の経済を一体化する「グローバル経済」を実現しました。

「ブレトン・ウッズ2」とその限界

このような、①基軸通貨ドル、②グローバル自由貿易体制、③アメリカの巨額の貿易赤字と財政赤字、④パックス・アメリカーナ、を前提とした現在の世界経済システムを一部では「新ブレトン・ウッズ体制」「ブレトン・ウッズ２」と呼ぶ向きもあります。この体制でも問題となるのはやはり旧体制と同様にアメリカの貿易赤字、財政赤字の持続可能性ですが、新体制ではアメリカ自身ではなく日本・中国といった自由貿易体制に参加するアジア諸国がアメリカへの輸出により得た巨額の資金をアメリカ国債を中心とするアメリカの資産を買う形で還流することで支えられています。いわばアジア諸国がアメリカへの輸出により得た利益を、再び資産購入でアメリカに還流することで「ブレトン・ウッズ２」を支えており、日本と中国は１兆ドル以上のアメリカ国債を保有しています。

しかしながらここにきてこの「ブレトン・ウッズ２」も限界が見え始めており、それが表面化したのが２００７年に始まるサブプライムローン問題でした。サブプライムローン問題はブレトン・ウッズ２構造によりアメリカに還流して集まりすぎた資金が行き場を失い、住宅バブルを引き起こしたという構造でした。アメリカにおけるバブル崩壊はすぐさま世界を巻き込んだ危機に発展したのは記憶に新しいところです。如何に巨大で活力に満ちたアメリカといえども、その成長力には限界があります。またブレトン・

ウッズ2を支えるパックス・アメリカーナについても中国の台頭により先行きが危ぶまれるようになっています。アメリカの年間の軍事費の推移を見ると、00年ごろに３００億ドル程度だったものがいわゆる同時多発テロ後に急速に伸び、現在は６０００億ドル程度に落ち着いています。これは2位の中国の２０００億ドル弱の3倍にも及ぶ水準で、長期に維持することが非常に難しい域に達しており、少なくともさらなる上積みは期待できない状況にあります。

２０１０年ごろからアメリカではベビーブーム世代の引退が始まっており、これが社会保障費負担の増加をもたらしつつあり、このことも軍事費の圧縮の圧力となっています。他方で中国の軍事費は年間7〜10％程度のペースで伸び続けており、極東地域におけるアメリカの「唯一の超大国」という地位は近い将来失われる可能性が非常に高い状況にあります。加えて今アメリカで進んでいる非在来型化石資源の採掘技術の普及、いわゆるシェール革命は、アメリカの化石資源自給率を飛躍的に高め、国際政治に対するアメリカの興味を低下させる傾向にあります。

このように第二次世界大戦後のアメリカは、世界経済のブロック経済化こそが戦争の原因となったと考え、自国を中心とする自由貿易体制を構築することで世界平和を実現することを目指し「ブレトン・ウッズ体制」を確立しました。このブレトン・ウッズ体制はアメリカに多大な貿易赤字と財政赤字を強いるもので１９７１年には崩壊しますが、その中核となったドル本位制や貿易赤字と財政赤字の構造は維持され、依然として「ブレトン・ウッズ２」と呼ばれるアメリカを中心とする自由貿易体制は維持されています。しかしながらこの「ブレトン・ウッズ２」にもそろそろ限界が見え始めており、このことは必然的に我が国の安全保障環境に大きな影響を及ぼし始めています。

なぜ70年戦争をしないで済んだのか？

ここまで第二次大戦後、アメリカを中心とする国際的な自由貿易体制が世界平和の基盤となったことについて述べてきましたが、ここで焦点を絞って特に「なぜ〝日本は〟70年間戦争をしないで済んだのか？」ということについて考えてみましょう。

日本が太平洋戦争を起こした70年前と日本という国の基本的な性質は実のところ大きく変わっていません。当時と変わらず土地が不足しており食料の自給もままならず、資源自給率は絶望的なまでに低く、資源輸入・加工貿易無しでは１億人を超える人口を養うことはとてもできません。２０１６年度段階の日本の食料自給率は38％、エネルギー自給率は8・4%です。むしろ変わったのは日本ではなく、世界の側だったということでしょう。つまり自由貿易体制が世界に広がったということです。

これにより中東やオーストラリアから資源を輸入し、工業品を加工し内需をまかない、各国に輸出するという黄金パターンをアメリカの万全の保護のもとで実現できるようになりました。満州や華北やインドネシアは日本経済の生命線ではもはやなくなったのです。日本の経済における直接的な貿易への依存度は25%程度と決して高くありませんが、日本経済の基底を成しているのはこの健全な貿易環境であることは、戦前の経験や貧弱な資源を考えれば疑いようがありません。

なるべく資源という入り口だけを輸入に頼り、フルセット型の産業構造で国産品で内需を賄い、余剰分を輸出して貿易収支の黒字を維持するというのが日本の貿易国家としてのモデルと言えるでしょう。そしてこのフルセット型の産業構造は、先ほど述べたように岸信介をはじめとする革新官僚たちが総力戦体制を構築する過程で整備し、また戦後の通産省によって引き継がれて深化してきたものです。

近年一部に「日本は内需国で貿易に依存していない」という主張をする向きがありますが、こうした主張は歴史的経緯を無視した表面上の数値のみに頼った認識と言っていいでしょう。自由貿易が当たり前でなかった時代、日本は7000万人強の人口すら養うことができなかったのです。

サービスと対価

このように自由貿易によるメリットを享受でき、貿易収支の黒字を維持できる環境にあれば日本として積極的に戦争をする理由は当然ありません。戦前ですら自由貿易体制が維持できている間は日本は本格的な戦争は行いませんでした。このような戦後の経済構造こそが岸信介が本来目指した日本経済の姿と言えるでしょう。加えて後述するようにアメリカが憲法9条をある意味で〝押しつけて〟くれたおかげで、「同盟国であるアメリカに巻き込まれる」という消極的な意味でも戦争に巻き込まれるリスクはほぼなくなりました。

日米安保条約が締結された当時、日本が直接の紛争の当事者となることは想定されておらず、中曽根康弘元首相が「不沈空母」と自認したとおり、戦後アメリカとの関係において日本が求められたのは、共産陣営に対するアジアにおける最前線の米軍基地を支える補助機能でした。米外交問題評議会上級フェローのシーラ・スミスはこの点についてこう述べています。

「締結当初、日米同盟は第一に、当該地域へのアメリカ軍の前方展開を可能にして冷戦に対処するための条約だった。日本領内で紛争が起きることは想定されていなかった。アジア地域の紛争として想定されていたのは、朝鮮半島問題や台湾海峡の偶発事件だった」

このように戦後日本が70年間戦争をしないで済んだのは、我が国自身の努力ももちろんありますが、それ以上に積極的な意味でも消極的な意味でも戦争をしないで済む環境をアメリカに整備してもらったという側面が大きいと言えるでしょう。

逆に言えばこうした環境が崩れれば、日本は戦前のような体制に急速に逆戻りする可能性があり、そのことは随所で指摘されています。したがって日本が引き続き戦争をせずに、平和な環境を維持し続けるためには、アメリカに引き続き自由貿易体制を守ってもらうとともに、日本の貿易収支の黒字を受け入れてもらい、かつ日本が戦争当事者とならないことに納得してもらわなければいけません。より直接的に言えば、アメリカがこれまで日本に対して提供してきたサービスを引き続き提供してもらわなければならないのです。

そのためには日本もサービスを享受するための対価を支払う必要があり、その意味では安倍政権下で進められた「集団的自衛権の一部合憲化」は自由貿易体制の前提となるアメリカの海洋保護の軍事負担を軽減するための、日本としての積極的な措置と位置付けられるでしょう。

冷戦と憲法９条を巡る議論

さて前項では経済的な観点から日本が平和的な環境を維持できた理由を考えてみましたが、ここで一度我が国の安全保障政策を巡る議論において憲法９条が果たしてきた歴史的意味合いについて深掘りし、特に冷戦を巡る保守とリベラルの関係性から考えてみたいと思います。

憲法９条を巡る議論は、「保守」が改憲により自衛権を拡充することを目指し、逆に「リベラル」と呼ばれる層がその価値を強固に支持して改憲を阻止する、という構図で展開されてきました。保守とリベラルはアメリカとの関係性においても対立し、保守が日米同盟の緊密化を目指すのに対し、リベラルはそれを対米追従として批判してきました。

このような戦後リベラルの安全保障政策に関する政治スタンスはしばしば「護憲反米」というようにまとめられます。これは端的には「憲法9条の改正による自主防衛の実現に反対すると同時に、日米安保を基軸とした集団自衛のあり方についても反対する」というものですが、これを聞くと「ではどのように我が国として平和を実現するのか?」という疑問が当然生まれます。この点に関して彼らは「日本自体は非武装中立を貫き、国際問題は基本的には外交交渉を通じて解決し、それでも解決困難な事態は超国家的組織である国際連合の制裁措置によって強制力をもって解決する」というような思想を有しています。

こうした護憲反米の発想の根本には「全ての国は常備軍を持つべきではなく、国家が連合した超国家的な組織に軍事機能を集約し、国家間の戦争を無くすべきだ」というコスモポリタニズム(世界市民主義)に基づいた「集団安全保障」を理想とする平和論があります。集団安全保障の思想の原点は哲学者として高名なイマニュエル・カント(1724~1804年)にあります。彼が著作『永遠平和のために』(1795年)で唱えた「国家が連合して超国家的組織を作り、国家に義務を課すことによって規律させ、国家が集団として平和を担保する」という平和論は集団安全保障の古典として、今でもなおその価値が認められています。しかしながら、18世紀から20世紀初頭はまさに国民国家の勃興の時期だったので、こうした超国家的組織による集団安全保障の発想は長らく空想的なものと捉えられ実現に至りませんでした。

ところが第一次世界大戦の影響で、人々は自ら起こした戦争の悲劇の甚大さに恐れおののき、各国は平和状態を実現するために超国家組織として1920年に「国際連盟」を組織することになり、ようやくカントの発想は死後100年以上を経て報われることになります。

ただ国際連盟は当時既に超大国になりつつあったアメリカが加入しなかった上、組織として独自の軍事機能を持たない合議体であったため、国際紛争を解決する手段としての戦争を否定したパリ不戦条約などの締結の実現には貢献したものの結局のところそれを締結国に守らせる強制手段を持ちませんでした。その結果パリ不戦条約が締結された1928年以後に、日本、ドイツ、イタリア、ソ連といった全体主義国家の脱退・除名を招き、第二次世界大戦の勃発を止めることができませんでした。こうした反省を踏まえて第二次世界大戦後に集団安全保障を担う超国家的組織として創設された「国際連合」は、独自の軍事機能を持ち、5大国を中心とした安全保障理事会が協議してそれを司ることを前提に設計されました。

国際連合（国連）の創設直後はこの集団安全保障機能には大きな期待がかけられており、日本国憲法もこの国連の集団安全保障機能を前提として設計されることになりました。1946年2月にGHQは、日本政府に新憲法に関して「天皇制を立憲君主制として維持すること」「戦争の放棄と軍隊の廃止」「華族の廃止と議院内閣制の導入」といういわゆる「マッカーサー三原則」を伝達しています。こうして憲法9条において、カントの提唱するところの「常備軍の撤廃」が国家として初めて実現することになりました。「憲法9条の実現」は集団安全保障の歴史という意味では150年越しの世界史的な出来事だったのです。

こうした集団安全保障を前提とした新憲法を積極的に受け入れたのがリベラル層で、一方の保守層は当時主要人物が公職追放などの身にあり、またGHQが言論統制を敷いていたこともあり、日本が置かれた状況から新憲法を暫定的・消極的に受け入れ将来の改憲を目指すこととしました。

この時点においてリベラルは潜在的に「護憲親米」、保守は潜在的に「改憲反米」というポジションにあったわけです。1946～48年の極東国際軍事裁判、いわゆる東京裁判の判決についても同様で、リベラルメディアはこれを積極的に受け入れいわゆる「贖罪史観」を形成したのに対して、保守層は当時は立場上仕方がないこととしてこれを受け入れたに留まりました。このように当初はむしろリベラルの方が我が国の戦後体制に対して理解を示す優等生でした。しかしこうした環境が変わり始めたのは憲法制定からわずか3年後でした。

反米に転じた朝日新聞

朝鮮戦争が勃発すると、これに巻き込まれて日本が共産化、中立化する危険性を感じたアメリカは日本に対するスタンスを大きく変え、政府に自衛隊の原型となる警察予備隊の組織を指示します。加えて公職追放されていた戦前の要人を次々と呼び戻し、逆に日本共産党などの左翼勢力が公職追放されるようになりました。

これは朝日新聞などのリベラルメディアの目からすればアメリカの変節に映り、戸惑いを覚えるものでした。それでも朝鮮戦争は日本にとって目の前の危機であったことや、アメリカの軍事行動が形式的に国際連合の安全保障理事会のプロセスを経たものであったこと、警察予備隊の性質が軍隊ではなくあくまで警察の範囲に留められたことから、この時点ではリベラルメディアは依然として親米の姿勢を保っていました。リベラルメディアがここから転換して明確に反米のスタンスを取り始めるのは、朝鮮戦争と並行して進められた戦後講和をめぐる議論からです。

太平洋戦争の講和をめぐっては、アメリカをはじめとする資本主義陣営とのみの講和を先行する「単独講和論」と、資本主義陣営に限らず共産圏とも同時に講和を目指す「全面講和論」のどちらが適切か論争が行われました。この時読売新聞をはじめとする保守メディアは単独講和論を支持し、平和条約と同時に日米安保条約を締結し日本も資本主義陣営に加わって、共産主義陣営と対抗すべきと唱えました。現在の日本の安全保障体制の原型ですね。

これは当時の日本の置かれた環境を考えると唯一の現実的な選択肢でしたが、憲法9条の精神とは必ずしも相容れないものでした。前述の通り日本国憲法は集団安全保障体制を前提にしたものでしたが、保守層が目指した安全保障政策は「アメリカとの同盟関係の中で、相互が役割を果たして対外的脅威に対峙する」という集団的自衛に近い考え方でした。集団安全保障体制が機能するかどうかは安全保障理事会において拒否権を有する５大国の結束にかかっており、アメリカとソ連が対立した時点で憲法９条が描いた世界観は絵空事と化してしまっていたため、これは仕方ない選択だったのですが、リベラルメディアは憲法の原則どおり「全面講和論」を支持し、「日本は非武装、中立を貫くべき」と声高く主張することを選びました。

よくリベラルを「お花畑」と批判する保守論客がいますが、それは当初からの問題であったとも言えます。戦後リベラルの「護憲反米」という基本スタンスはこの時点で確立したと言ってもいいでしょう。

しかしながら、我が国のリベラルの安全保障政策におけるこのような空想的なポジションは、それから長らく憲法の制約から逸脱しようとする我が国の保守の衝動を牽制するという意味で重要な役割を果たすようになります。１９５０年代に入りいわゆる「逆コース」を経て戦後公職に復帰した、鳩山一郎、岸信介といった保守政治家は自衛権に基づく古典的な安全保障観を有しており、彼らとしては当然にして、憲法９条を改憲して自前の軍隊を持つことを目指すようになりました。

佐藤栄作の危険発言

こうした願いが半ば実現したのが、1954年の防衛庁設置法と自衛隊法の成立でしたが、むしろこれによって、少なくともアメリカが冷戦の対アジア戦略として求める範囲での再軍備が実現してしまったため、日本の保守層の改憲欲求はアメリカにとって危険なものと映るようになりました。というのも、アメリカが恐れていたのは日本の共産化または中立化であり、「日本が改憲により自衛戦力を手に入れる」という主張はそのまま日本がアメリカから離れて中立化することにもつながりかねない危険な主張だったからです。

例えば、後に非核三原則を発表することになる佐藤栄作首相は1964年の首相就任当時、ライシャワー駐日アメリカ大使と会談した際に「今はその時期ではない」と断りながらも「いずれ憲法も改正し、ここ数年で防衛への取り組みを根本的に見直すべきであり、日本も核兵器を持つのは常識である」と述べました。アメリカ側からすればこれは核不拡散政策の前提を脅かす非常に危険な発言であり、心底「アジアの大国日本」の復活に震え上がったでしょう。実際当時の日本は高度成長の真っ最中で、アジアの大国として再び復活しアメリカを脅かす可能性が十分にありました。

ライシャワー駐日大使は本国にこの件について「佐藤の率直さと熱意には容易ならぬ危険性がある」と報告しています。こうしたアメリカの反発を受けて結局佐藤栄作はアメリカの核の傘の下に入る道を選び、１９６７年にいわゆる「核を持たず、作らず、持ち込ませず」とする非核三原則を宣言することになりましたし、またジョンソン政権末期の１９６８年12月にまとめられた「アジアにおける日本の安全保障上の役割」と題する文書では、日本がアジアにおいて果たすべき役割について「日本の防衛と国連の平和維持活動への参加に限る」と抑制的に考えられました。そしてこれはそのまま日本の防衛政策のその後に反映されることになります。アメリカにとっても憲法９条は日本を抑え込む意味で都合が良かったのです。

つまるところリベラルの「非武装中立」と同じくらい、戦後保守の「自主独立」という主張はアメリカとの関係性から見れば空想的で、いわゆる「お花畑」的でした。このように「日本の最重要同盟国であるアメリカが、日本の非武装中立も自主独立も警戒している」という文脈の中で、リベラルメディアは保守層の自主独立の衝動を抑制するという重要な機能を果たすことになりました。リベラルの「護憲反米」という主張が、アメリカにとっても〝結果として〟歓迎すべきものであったということはなんとも皮肉な話です。

しかしながらこのような戦後リベラルが果たしてきた「戦後保守の自主独立志向の暴走の歯止め」という役割は21世紀に入り東アジアを取り巻く情勢が大きく変わる中で急速に損なわれつつあります。

この30年間で中国経済が大きく成長し軍事的にも大国化した一方、日本は経済の成長が止まり人口減少が始まり、少なくとも日本が大国化して米国に再度挑戦する危険性はほとんどなくなりました。第1章で述べたように、むしろ「世界の警察」の重荷に疲れて孤立化の兆しを見せ始めた米国と膨張する中国という二大大国の間で、日本は21世紀半ばには埋没しかねない状況に陥りつつあります。日本の自主独立を恐れた冷戦期のアメリカはもういないのです。

このような中で保守層は時代の変化に対応し「改憲による日本の自主独立・核武装化」といった過激な意見は唱えなくなりつつあります。旧来のフレームから抜けきれず未だに憲法9条の解釈の変更のたびに「戦前に戻ろうとしている」という懸念を保守層に対して述べ続けている戦後リベラルは、もはや国内からどころか海外の現実感覚からも遊離した、問題の先送りを肯定する存在となりつつあると言えるでしょう。

中国は「21世紀の大日本帝国」

ここで日米関係から離れて視点を中国に移してみましょう。

戦後史を振り返ると中国共産党は政権を獲得して以来、一貫して拡張主義を採ってきました。その歴史を振り返ると、1950年代にチベットおよび新疆ウイグル自治区を征服し、さらには朝鮮戦争に参加し、60年代に入ると周辺の大国と国境を巡って争うようになり、62年にはインドのカシミール地方に侵攻し事実上勝利を収め、69年にはソ連と武力衝突。70年代に入るとアメリカと国交を回復して関係が改善したことから、海洋進出を活発化させるようになり、まずは74年には当時の南ベトナムから西沙諸島を奪い取ります。ベトナムとの争いは陸でも発生し79年には中越戦争が勃発しますが、これには敗れます。しかし88年には南沙諸島を侵略し、60名以上のベトナム兵を殺害して実効支配しました。そして94年にフィリピンからミスチーフ礁を奪取します。現在ミスチーフ礁は中国によって大きく改造され、要塞と化しています。

こうしてアメリカの介入がないままに海洋進出を続けていた中国は自信をつけて96年

には台湾初の民主的総統選挙に対してミサイル発射や大規模軍事演習で圧力をかけます。ここに至ってようやく米軍は動き出し、台湾へ空母戦闘群を派遣すると中国は引き下がります。この時中国はアメリカとの制空能力、制海能力の絶望的な差を体感し、この後10年以上かけて海軍の充実に取り組みます。そして対艦ミサイルや最新鋭機雷といった対空母非対称兵器を充実させると、2010年以降再び海洋進出の野望をあらわにするようになり、現在は我が国の尖閣諸島に対する圧力を強めています。

「第一列島線」「第二列島線」

中国の海洋進出の目標は大きく三段階に分かれていると考えられています。具体的には、第一段階は図14が示すように「第一列島線」と呼ばれる千島列島の北端から、日本本土、沖縄、台湾、フィリピンのルソン島、マレーシア領ボルネオへとつながるラインの制海権を奪取すること、第二段階は「第二列島線」と呼ばれる横須賀からサイパン、グアム、パラオを通過してインドネシア、パプアニューギニアに至るラインの制海権を奪取すること、第三段階は世界的な制海権を獲得すること、です。こうした中国の海洋進出の基本戦略は「中国海軍の父」と呼ばれる劉華清が80年代前半に鄧小平の諮問に応

図14　中国と「第一列島線」「第二列島線」

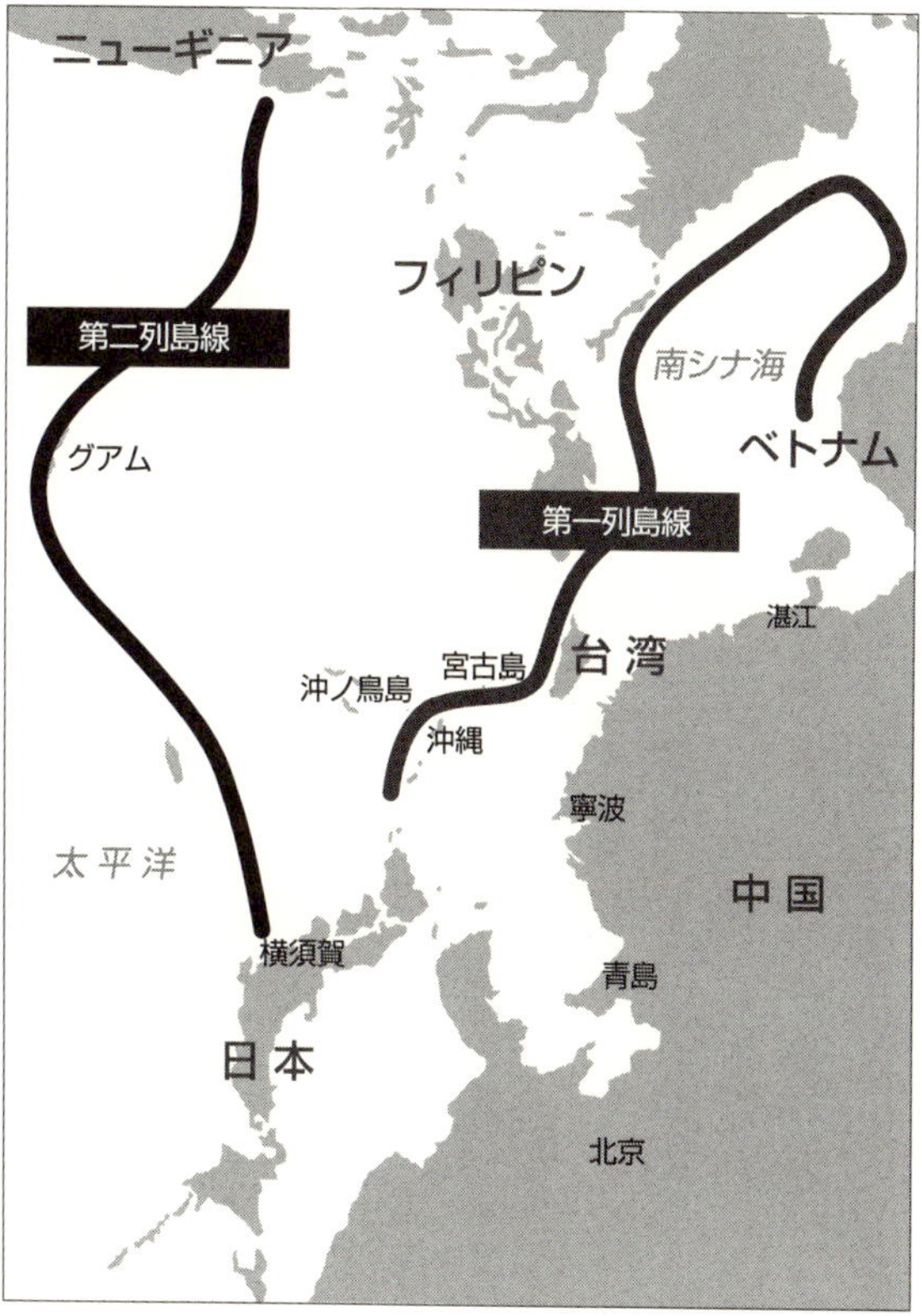

防衛省HP「中国の軍事力近代化、海洋活動について」我が国近海などにおける活動の例 をもとに作成

じて構築したもので、その後中国はこの目標を放棄することなく着実に進めていることを考えると決して脅しやはったりに類するものではないと考えられます。

中国がこのような大胆な海洋進出目標を掲げる理由は極めてシンプルで、中国経済を支える通商路を軍事的に確保することで、安全保障体制を万全にすることにあります。

第一列島線の制海権を得ることで中東からの資源通商路を確保し、第二列島線の制海権を得ることでアジアのライバルである日本を抑え込み、最終的にはあらゆる自国の通商路を自国の軍隊によって守ることを目指しているのです。そのために中国は「接近阻止・領域拒否（A2／AD）」と呼ばれるアメリカ海軍が中国近海に接近できなくするための兵器を大量に配備する作戦を展開し、沿岸部に大量にミサイルを並べ、大量の機雷を保有し、アメリカが中国に干渉することの経済的合理性を損なわせようと日々軍拡を進めています。

これほど中国が海洋進出の野望をあらわにしてもアメリカが中国に対して強い態度に出られないのには理由があります。それは中国がソ連とは異なり、自由貿易経済体制の中で重要な役割を果たしている国だからです。「ブレトン・ウッズ2」でも説明した通り、現代の世界経済体制はアメリカの膨大な貿易赤字と財政赤字を前提になりたっており、その中で日本と中国はアメリカの双子の赤字を支える重要な役割を果たしています。かつてソ連とアメリカの経済的依存関係はなかったため、アメリカはソ連と躊躇なく対立することができましたが、現在の体制ではアメリカと中国は相互に深く依存しており、そう簡単に対立できないような関係にあります。

アメリカ経済に深く依存しつつも、自国の安全保障のために潜在的にアメリカに挑戦するという中国のこうした姿勢はかつての大日本帝国を彷彿とさせます。軍隊である人民解放軍が独自の権力を持ち、政府の統制下に無いところもかつての日本に非常によく似ています。さながら劉華清は中国の永田鉄山、鄧小平は中国の岸信介といったところでしょうか。

現状変更に躊躇しない

これまでの歴史が物語るように中国は状況さえ整えば、つまりアメリカとさえ揉めなければ、現状変更に躊躇しない国ですから、尖閣諸島にとどまらず確実に台湾、沖縄へとその矛先をむけてくることになるのでしょう。他方で日本がこの中国の攻勢に一国で将来にわたって対抗できるかというととても不可能です。２０１６年の段階で、中国の軍事費は2152億ドルで日本の軍事費は461億ドルと、中国の4分の1以下の水準に止まっていますし、今後この差は開く一方と予測されます。一部には「中国の技術力など大したことないから中国海軍など恐るるに足りない」という声がありますが、中国海軍のテクノロジーは、膨大なスパイによるアメリカ・ロシアの国防技術の盗用と、欧州をはじめとする先進国からの民間技術の転用に支えられており、これは全くの認識不足です。

例えばオーストラリアのある企業は当初厳密に民間利用目的に限定した上で中国に最新鋭小型艦を販売しましたが、その後同社は中国企業と合弁会社を設立し、その設計図を軍事用途に変更したことが知られています。また上海・浦東地区にはAPT1部隊と呼ばれるサイバー部隊が存在し、ここでは中国中から集められたエリートハッカーが外国企業140社以上のセキュリティシステムに常時不正アクセスしていると言われています。

中国海軍との予算の差や世界中からテクノロジーをかき集める貪欲な姿勢を考えると、仮に憲法9条を大幅に改正して自衛隊の制約を解き放ったところで、近い将来日本が軍事的に中国海軍の海洋進出に対抗できなくなることは目に見えています。したがって、このような状況下で我々が考えなければいけないことは、将来にわたって唯一中国を抑え込む力を持つアメリカに「どのように日本を見捨てさせないか」ということになります。

アメリカの三つのシナリオ

以上のように中国との関係性から日本のアジアにおける軍事的優位性は日に日に下がりつつあるのですが、最後にこのような中でアメリカでは、将来的な日本との安全保障政策上の関係性についてどのように検討されているか、を見てみましょう。

トランプ大統領のブレーンでもあり、通商製造業政策局の委員長であるピーター・ナヴァロはその著書『米中もし戦わば』の中で対日政策のオプションとして三つをあげています。

一つ目は「日本が中国に呑み込まれるのを座して見守る」というものです。ナヴァロはこの場合、日本は領土面では尖閣諸島や沖縄の領有権を中国に明け渡し、経済面では極東を共同統治することになり、おそらく日中両国はアメリカに対抗する保護貿易圏を形成し、アメリカドルに代わって中国人民元を準備通貨に採用する、と予測しています。

しかしながらこのシナリオは、アメリカの経済的繁栄と安全保障の両面に深刻な悪影響を及ぼし、米中戦争に発展する可能性があるとしています。経済面では中国経済圏との貿易を不利な条件で行わざるを得なくなる可能性があり、安全保障面ではアジアの基地を失い、ミサイル防衛網が弱体化し、中国が太平洋に進出することによりアメリカは中国の核攻撃の脅威にさらされることになるからです。したがってこのシナリオは採用できないとしています。

二つ目は「日本の核武装を認めて自力で中国に対抗させる」というシナリオです。ナヴァロは「(日本は) 高性能の核兵器を速やかに製造・配備するだけの技術力もほぼ確実に保有している。/過去六〇年以上にわたる原子力発電の経験から、日本は、速やかに原子爆弾を開発するだけの専門技術も核物質も充分に持ち合わせている」と評価しています。その上で日本なら短期間のうちに最大級の原子爆弾を幾つでも製造できるが、逆にそれこそが韓国も交えたアジアでの核開発競争を招き危険であるとし、アジア地域におけるアメリカの戦略投射の最も重要な機能は核抑止力による平和維持であると指摘しています。

そして結論として、アメリカが核の傘を提供することでアジアにおける核戦争の危険性は小さくなっており、それを外してしまうと核拡散に歯止めがかからなくなってしまい、最悪の選択肢となりうるとしています。このことは今まさにアメリカが北朝鮮の核保有を警戒する姿勢に表れているといってもいいでしょう。アメリカは北朝鮮そのものの軍事力を恐れているというより、北朝鮮の核保有を契機にアジアで核開発競争が起きることを恐れているのです。

三つ目は「日本をぶれない同盟国として扱う」という選択肢で、ナヴァロはアメリカとしてはこの選択肢を選ばざるを得ないとしています。ただしこの選択肢が他の二つの選択肢より本当に良いものになるかどうかは中国の反応次第であるとも述べています。具体的には「中国は探りを入れ、弱点を見つければ前進してくる。だが、進んでみて（日米同盟が万全であり）相手が強いと分かれば、撤退する」だろうが、「他方、国内で民族問題が噴出する危険が高まったり、アメリカの後押しを受けた日本の軍事力増強に脅威を感じたりした場合、中国は『安全保障のジレンマ』シナリオに従って軍拡の努力を倍加させ」て戦争の危険性は高まるとし、コミュニケーションを一つ間違えば中国に脅威を与え事態が悪化してしまいかねない構造について説明しています。そして「したがって、恒久平和を模索するには日米中の指導者が自国の能力と意図についてフランクに話し合うことが非常に重要」なのだが、「交渉と透明性を拒否する中国の姿勢」がその最大の障害となっていると分析し、「今後数十年の間に日本が戦争の引き金あるいは火種となる危険は大き」く、運命を分ける鍵となるのは、アジア地域に対するアメリカの熱意と決意の度合いだと述べています。

恐れているから守る

このようにアメリカのアジア戦略の中では、今のところ消去法として日米同盟を存続させるということが最善と選択されている状況にあります。あれだけ選挙キャンペーン中は日本を声高に批判していたトランプ大統領が就任後日本との関係を重視しだしたのは、このような構造を理解したからでしょう。しかしながらこれは逆に言えば、アメリカが潜在的に日本の対米貿易黒字に不満を抱えており、またいわゆる「世界の警察」の役割に疲れ始めて「アメリカファースト」でものを考えたいという衝動にかられているという証左でもあります。

戦前に証明されたように、日本が自由貿易無しでは生きられないのに対して、アメリカは必ずしもそういうわけではないという構造の非対称性を忘れてはいけません。アメリカが自由貿易経済体制を支えているのは「日本とドイツが再び軍事化してアメリカを挟み込む」という第二次世界大戦のストーリーが再来することを未然に防止するという安全保障戦略上の理由に過ぎないのです。

逆説的ではありますが「アメリカは日本を潜在的に恐れているから守っている」のです。したがって日本が日米同盟を継続して中国に対抗するためには、日本はアメリカの良きパートナーであるとともに、アメリカの潜在的脅威でありつづけなければならないことになります。より具体的には、ナヴァロが対日関係の二つ目のオプションが最悪である状況を維持するために日本は、「実際には核を持たないが、核を保有する技術を持つ、潜在的な核保有国」であることをやめてはいけないことになります。

仮に日本がこの選択肢を放棄した場合、日本は安全保障の自主性を失い、米中関係の間で翻弄されるだけの存在に成り下がってしまう可能性が高くなります。実際その兆候はすでにはじまっており、中国の習近平主席は就任以来たびたびアメリカに対して「アメリカと中国で太平洋を分割しよう」と提案しています。日本の潜在的脅威がなくなれば、アメリカはこの提案を了承して、自由貿易経済体制の守護者としての役割を放棄して戦前のように再び孤立主義に走る可能性があります。この場合、衰えゆく日本は残念ながら長期的に中国に呑み込まれるか、核武装をして米中両国に対峙せざるを得なくなってしまうでしょう。

この章では安全保障政策の現状について、太平洋戦争から現在までの日本経済のあり方との関係を中心に評価してきました。改めてまとめると次のようになります。

①日本は「元来の希少資源とそれに比した過剰人口」の問題を解消するために貿易を活発化させようとしたものの、「自由貿易体制の崩壊」でその道が閉ざされ、「世界経済のブロック化」の流れの中でアジアで独自の自給自足経済圏を作るべくその矛先を中国・東南アジアに向けた戦争に打って出た。

②昭和陸軍は第一次世界大戦のドイツをモデルに日本の国防体制を「総力戦」の時代に最適化し、あらゆる戦時資源を、日本、朝鮮、台湾、中国を含む極東地域で自給できる体制を構築することを目指したが、石油資源だけは極東で自給できる見通しがたたず、この部分に関する資源確保戦略を空白にしたまま、楽観的な日米関係を前提として安全保障戦略を立案した。陸軍は満州事変・日中戦争を通じて、資源確保を実現していくが、これがアメリカの反発を招き、石油の全面禁輸措置を受けることになってしまった。こ

れにより日本は当初の安全保障戦略の枠を超えて東南アジアに進出せざるを得なくなり、太平洋戦争に踏み出すことになった。

③1930年代前半、日本は金本位制に復帰し自由通商体制に本格的に参画することを目指した。そのためには国際収支を改善する必要があり、日本はドイツをモデルにした工業化を進め、内需を満たし輸出を振興しようとした。そのためにはフルセット型の産業構造を実現する必要があり、その手段として政府は産業活動の統制を志向するようになり、カルテルによる過当競争の排除や規格の統一化による生産の合理化を強権的に進めるようになった。しかしながらこうした統制経済の発想は総力戦体制構築を目指す陸軍に徐々に取り込まれ、他方で自由貿易体制は世界恐慌を契機に崩壊したので、むしろ自給自足のブロック経済圏構築に活用されることになった。

④第二次世界大戦後のアメリカは、世界経済のブロック経済化こそが戦争の原因となったと考え、自国を中心とする自由貿易体制を構築することで世界平和を実現することを目指し「ブレトン・ウッズ体制」を確立した。このブレトン・ウッズ体制はアメリカに多大な貿易赤字と財政赤字を強いるもので、1971年には崩壊するが、その中核システムは維持され、依然として「ブレトン・ウッズ2」と呼ばれるアメリカを中心とす

る自由貿易体制は維持されている。しかしながらこの「ブレトン・ウッズ2」もそろそろ限界が見え始めており、それが顕在化したのがサブプライムローン問題であり、また中国の軍事的台頭がさらにシステムの持続性を脅かしている。

⑤日本は戦後アメリカの庇護のもとで、自由貿易によるメリットを享受でき、貿易収支の黒字を維持できる環境を提供された。これはまさに戦前の日本が本来目指した経済の姿であり、これにより戦争を起こす経済的理由を失った。加えてアメリカが日本の再軍備を恐れて憲法9条をある意味で〝押しつけて〟くれたおかげで、「同盟国であるアメリカに巻き込まれる」という消極的な意味でも戦争に巻き込まれるリスクはなくなった。このように戦後日本が70年間戦争をしないで済んだのは、日本自身の努力よりも、それ以上に積極的な意味でも消極的な意味でも戦争をしないで済む環境をアメリカに整備してもらったという側面が大きかった。

⑥戦後の日本は憲法9条と日米関係をめぐり、「改憲親米」を目指す保守と「護憲反米」を唱えるリベラルが対立して議論を重ねてきた。リベラルの発想の背後には国連を中心とする集団安全保障への期待があったが、現実には冷戦構造の中で拒否権を持つ5大国の意見が割れてしまうことで、集団安全保障は想定ほど機能することはなかった。

そのためアメリカは日本に憲法９条の制約の中で自衛のための武装をすることを求めるようになり、現在まで続く自衛隊と日米安保を両輪とする我が国の安全保障体制が成立した。他方でアメリカは保守が目指す改憲が実現することにより、日本が中立化しアメリカを脅かすことを恐れて、アジアにおける安全保障において大きな役割を果たすことを求めなかった。しかしながらこの30年間で中国が大国化し、他方で世界の警察の役割に疲れたアメリカが孤立化の兆しを見せはじめており、この両大国に挟まれて日本は埋没してしまいかねない状態が生まれている。したがってこうした環境変化に応じたあらたな安全保障思想を日本としては打ち出す必要性に迫られている。

⑦中国は、中国経済を支える通商路を軍事的に確保し、安全保障体制を万全にするために大胆な海洋進出を進めている。具体的には第一列島線の制海権を得ることで中東からの資源通商路を確保し、第二列島線の制海権を得ることでアジアのライバルである日本を抑え込み、最終的にはあらゆる自国の通商路を自国の軍隊によって守ることを目指している。そのために中国は「接近阻止・領域拒否（Ａ２／ＡＤ）」と呼ばれるアメリカ海軍が中国近海に接近できなくするための兵器を大量に配備する作戦を展開している。アメリカがこうした中国に対して強い態度にでられないのは、中国がソ連とは異なり、

自由貿易経済体制の中で重要な役割を果たしている国だからである。中国海軍との予算の差や世界中からテクノロジーをかき集める貪欲な姿勢を考えると、近い将来日本が軍事的に中国海軍の海洋進出に対抗できなくなることは目に見えている。

⑧アメリカは潜在的に日本に不満を覚えながらも、今のところ消去法として日米同盟を存続させるということが最善と判断している。日本が自由貿易なしでは生きられないのに対して、アメリカは自国だけでも生き延びられる、という構造の非対称性がトランプ大統領の「アメリカファースト」の主張の背景にある。アメリカが自由貿易経済体制を支えているのは「日本とドイツが再び軍事化してアメリカを挟み込む」という第二次世界大戦のストーリーが再来することを未然に防止するという安全保障戦略上の理由に過ぎない。これは逆説的ではあるが「アメリカは日本を潜在的に恐れているから、日本を守っている」ことを示している。したがって日本が日米同盟を継続して中国に対抗するためには、日本はアメリカの良きパートナーであるとともに、アメリカの潜在的脅威でありつづけなければならない。より具体的には、「日本は潜在的な核保有国」であることをやめてはいけない。仮に日本がこの選択肢を放棄した場合、アメリカは中国の「アメリカと中国で太平洋を分割しよう」という提案を了承して、自由貿易経済体制の

守護者としての役割を放棄して戦前のように再び孤立主義に走る可能性がある。この場合、衰えゆく日本は残念ながら長期的には中国に呑み込まれるか、また戦前のように米中を相手に無謀な戦争に挑まざるを得なくなる。

次章では、ここまでの議論を踏まえて、我々の世代が取り組んでいくべき「逃げられない課題」について考えていきたいと思います。

第4章　私たちはどう生きるべきか？

未来は真っ暗なのか？

ここまで、第1章ではこの国で先送りが許されてしまう政治構造について、第2章では国の役割である「生活を守る」という観点で社会保障給付の拡大が政府財政を圧迫しておりそれが金融にまで波及して持続可能性を失いつつあること、第3章では「国を守る」という観点で太平洋戦争の経験から資源に乏しい我が国にとって自由貿易体制と日米同盟体制の維持は安全保障の要であり中国が海洋進出を拡大する中でこれを維持するためには潜在的核保有国であり続けることが不可欠なことについて述べてきました。

自分一人ではとても対応ができない、日本という国の大きな問題点についてばかり語ってきたので、「もしかして日本はこのままじゃお先真っ暗なんじゃないか」と暗い気持ちになった人も多いかと思います。

そこで終章となるこの章では、少し視点を変えて「私たちはこれからの時代をどう生き抜いていけばいいのか？」というテーマについて考えていきたいと思います。といっても国家レベルの大きな話がなくなるわけではありません。私たちの生活の半分は、国なり地方自治体なりの範囲の中での公的社会への参加で、残りの半分は自由な世界での個人としての活動で、構成されています。

読者のみなさんの中には、両者の比率が「おれの生活は社会参加が９割で、自由な個人世界なんて１割もない」という人も、逆に「おれの生活で社会参加なんて１割もなくて、自由な個人世界で９割生きている」という人もいるかもしれませんが、とりあえずここでは人生トータルで「社会参加半分、自由な生活半分」ということにしておきましょう。後述するようにみなさんの給料の42・２％は広い意味での税金に徴収されているわけですしね。

終章となるこの章ではここまでの章での議論を踏まえて、「私たちはどのような社会参加が求められるのか？」という観点からこれからの政治のあり方と、私たちの生き方について考えてみたいと思います。それでは少しずつ、前向きに私たちの今後について考えていきましょう。

まだ伸び続ける寿命

本題に入りましょう。

私たちは何歳まで生きて、どのような人生を送っていくのか?

まずは議論の大前提となる「私たちは一体何歳ごろまで生きるのか?」ということですが、この点は厚生労働省傘下の国立社会保障・人口問題研究所から精緻な予測が出ています。具体的に指標となるのが「寿命中位数」で、0歳児のちょうど半数が生存すると期待される年数です。なお私たちになじみ深い平均寿命の予測も出ているのですが、この場合早逝した方の影響が強く出過ぎるので指標としてみるには不適切となります。

2015年の寿命中位数は男性83・77歳で、女性89・77歳となっています。

女性の方が6年も長生きなんですね。1950年が男性65・83歳、女性69・80歳でしたので20年近くも寿命が延びたことになります。医療技術はまだ進歩しますので、今後とも寿命中位数は伸び続けることが予測されています。

私は1981年生まれなので、仮に84歳まで生きればすでに予測が示されている限界である2065年を若干超えてしまうことになりますが、この年の値を参考にすれば

87・76歳くらいまで、つまり2068年くらいまでは生きられると期待してもいいでしょう。女性ならば93・89歳ですね。そんなわけで大枠としては私たちはだいたい87〜90歳くらいまで生きると思って人生設計・ビジョンを考えなければいけないということになります。もちろん寿命は個々人で違うもので、私のような夜更かし・ジャンクフード上等の不摂生な生活をしているものはこんなに生きるとは思えないのですが、一つの目安として「私たちは87〜90歳くらいまで生きるものだ」と考えておくのはそれほどおかしなことではないでしょう。

他方で人生設計を考えるには寿命だけではなく、当然「私たちは何歳まで働かなければならないのか」ということについても目安をつける必要があります。仮にどこかの時点で働くのをやめると、その後は不労収入、おそらくは年金を中心に生きていくことになりますから、この問題はほとんどの人にとって「厚生年金の受給開始年齢の問題」と言い換えてもいいでしょう。

受給開始年齢引き上げ

現行制度に則って考えると厚生年金の受給開始年齢は65歳なのですが、厚生年金の受給者の範囲は制度発足当初（１９４２年）は55歳かつ男性のみであったものが、累次の改正により対象拡大と受給年齢の引き上げが行われ、２０１８年から現行の男女ともに65歳からの受給開始になったという経緯があり、素直に現行の基準を前提に考えるわけにはいきません。

とはいえこれまでの受給開始年齢引き上げの背景には医療技術の進化による長寿化、この70年間で20歳分寿命が延びた、という根本的な社会の変化があったという事情があります。他方で国立社会保障・人口問題研究所の予測によると今後の30年間で延びる寿命はせいぜい２〜３歳分ですから、これまでのように大幅な受給開始年齢の引き上げがあるとは考え難いところです。

それでも第２章で述べたように政府の財政を考えると「ずっと今のまま」というわけにはいかず、年金給付を減らすためにいつかは対策を打たざるを得ない状況です。おそらく今後は高齢者の就業期間の引き伸ばしと並行して受給開始年齢や受給額を弾力化する措置が進められていくことになると思われます。要は「政府としてより長い期間働ける環境をなるべく整えるので、皆さんなるべく長い間働いてください。そちらの方が経済的にメリットがありますよね。代わりに、働いている間は年金の給付は限定的になりますよ」というような方向で制度改正が行われる可能性が高いということです。

実際２０１３年8月に取りまとめられた政府の社会保障制度改革国民会議では「高齢者の就業機会の幅を広げることに取り組むとともに、多様な就業と引退への移行に対応できる弾力的な年金受給の在り方について、在職老齢年金（働きながら受けとる年金）も一体として検討を進めるべきである」というようにやんわりとそうした方向性が打ち出されています。その意味では、「私たちが何歳まで働かなければいけないか？」というのは、これからは「個々人がそれぞれの都合で何歳まで働くかを決める」という相対的な問題となっていくということなのだと思います。

とはいえこういう問題はある程度の基準が社会として決まってくるものですから、現在の厚生年金の被保険者資格（保険料を支払わなければいけない人）の上限である70歳が一つの目安となってくるでしょう。すでに外堀は埋められているわけですね。

労働→自活→引退

現在多くの企業は60歳を定年とし、65歳までの5年間を継続雇用措置をとることで「65歳まで働ける環境」を作っていますが、今後は政府として66歳から70歳までの間の就労機会を提供する措置を充実させていくことになるでしょう。

そんなわけで、私たちは〝標準的〟には「だいたい87〜90歳まで生きることを前提に、20歳代前半から60歳までは会社の主戦力として、その後65歳までは会社の補助的戦力として、その後70歳までは一定の収入を得るために自活し、その後70歳を超えてようやく年金収入を中心に90歳までの余生を20年間過ごす」というような人生を送ることを〝目指す〟ことになるでしょう。

ここでいう〝標準的〟という言葉はいわゆるサラリーマンをイメージしていまして、言い方を換えれば「60歳まではサラリーマンとして過ごし、その後65歳までの5年間はそれまでお世話になった企業から与えられる会社の補助的な業務をこなしながら外部とのコネクションを作り自ら活路を見つけ、最後の5年間はそれまでに培った経験を生かしてそれぞれが働ける場を見つける」ということになるのだと思います。

しかしながら後述するように社会保障財政の現状や長寿化による引退後の期間の延びを考えると、本当に70歳で引退して年金生活を悠々自適で送れるのか、というとおそらくほとんどの人はそのようなことはなく、70歳を超えてもしばらくは「年金収入＋α」のα分の収入源を確保することが求められることも考慮しておかなければならないでしょう。

これまで日本では「教育→労働→引退」という三段階のモデルでキャリアについて考えてきましたが、２０００年代に入り社会の高齢化、長寿化が進む中で、人生のステップが「教育→労働→自活→引退」というような四段階になりつつあるということなのだと思います。

ただこの四段階の中で最も厳しいのは親も会社も国も積極的に自分を守ってくれなくなるであろう、65歳から74歳までのいわゆる前期高齢者の期間になるのかもしれません。人生の後半に試練が待ち構えているというのは嫌な話ですが、刺激のない人生もつまらないのでそれはそれで面白いのかもしれませんね。いずれにしろ私たちの世代は常にその時期を意識しながらキャリアを形成していくことが今後重要になってくるのでしょう。一言で言えば「65歳になった自分は社会のために何をできるのか？」ということですね。

会社に守られない苦しさ

ここで一度マクロな社会事情から離れて「会社に守られない人生」というものの例として、私自身の経験について少し話したいと思います。

この本の冒頭でも触れましたが、私は2005年4月に経済産業省に入省し、12年9月に退職し、独立の道を選びました。この本を書いている現在が18年5月ですから独立しておおよそ5年半ほど経ったことになります。このように私は大組織のサラリーマンとフリーランスという両極端の世界を生きてきたという意味では、このテーマについてはみなさんに比べれば多少は経験の幅において豊富な面があると思いますから、私の経験は少しはみなさんにとって役立つ面があると思います。

さて経済産業省退職当初を振り返ると、7年半ほどの経済産業省およびその関連団体での仕事を通して、様々な法案作成や税制改正や大規模予算プロジェクトの立案に関わり自分なりに官僚として成果を上げてきた自信があったので、自分が世間に通じる実力を持つ「何者か」になったような気がしていました。

ただ実際に退職して自分自身で何か事業を立ち上げてみようとチャレンジしてみると、自分には、経験も、能力も、そして何よりも自分の欠点を補ってくれる仲間が欠けていることを痛感しました。経験と能力についてはある程度覚悟していたのですが、外に出てみると自分の能力のほとんどは、あくまで「経済産業省」という組織の中でしか役立たないものであったことに気づかされました。そしてそれ以上に私にとってショックだったのが自分が官僚時代に一緒に仕事をして、一方的に「仲間」と考えていた人が、退職してみるとそうではなかったことでした。

彼らが付き合っていたのは「経済産業省のキャリア官僚の宇佐美典也」であって「宇佐美典也」という個人そのものではなかったわけですね。彼らにしてみれば経済産業省を退職しても特筆したスキルも期待できない裸一貫の若者と付き合う経済的なメリットは全くないわけで、これは少し客観的に考えてみれば当たり前の話だったのですが、組織にどっぷり浸かっていた私にはそれが見えませんでした。

そんなわけで独立後すぐに私は孤立することになったのですが、そういう状況でも「捨てる神あれば拾う神あり」で、官僚時代に少しだけご縁があった民間企業の方から、私の古巣であった経済産業省関連の調査業務の下請けの仕事を複数もらうことができました。当時は先の展望が全く見えない状況ではあったのですが、こうした下請け仕事で半年弱は最低限の生活を維持するための収入を確保することができたので、その間に自分の能力を活かして新たな生きる道を切り開いていこうと考えました。具体的には私は現役官僚時代からブログを開設していたのですが、このブログはそれなりに人気でPVも集めており、その経験から自分が人より政治関連トピックを分析した記事を書く能力に優れていることを感じていました。

「求められる」×「できる」

実際当時既にブログを通じて出版の機会やライターとしての仕事をもらうこともできていましたので、この能力の芽を伸ばすことを決意して、下請け仕事の合間の空いた時間でなるべく多くの頻度でブログを更新していました。

その甲斐あって様々な人の目に留まるようになり、経済産業省時代のキャリアとは関係ない独自の仕事上の人間関係というものが少しずつ出来上がっていきました。そして退職して1年ほどたったころいくつかの企業から、太陽光発電に関する国の制度改正動向を分析し今後の経営方針に対してフィードバックする、という調査業務の仕事をいただけるようになりました。

分野が太陽光発電だったのは「私がやりたかった」というわけではなく、ただ単にこの時期太陽光発電業界が活況で、またその分野においては自分の経験・能力を活かして企業に貢献できる余地があったというだけの話です。つまり「求められる」と「できる」が噛み合っただけの話です。とはいえこの頃いただいた仕事は「10%はスキルを、

90％はポテンシャルを評価する」という種のもので、当初は必ずしも契約をいただいた企業の皆様に役立てたわけではありませんでした。ただ、いくつかの会社に対しては運や巡り合わせもあって少しずつ制度改正時のアドバイザリーとして役立てるようになり、そのうち官僚時代の知見を生かしたロビイングなどに業務範囲が広がったこともあり、契約が長期化しました。

またこの過程で関わるようになった仕事仲間からの誘いを受けて、太陽光発電の開発・仲介をする会社の立ち上げに参画し、太陽光発電業界で自らもプレーヤーとして関わるノウハウや人脈を作っていく機会も得ることができました。ただ私としては「人に使われるより独立して『やりたいこと』がしたい」という意識が強かったので、退職後5年を節目にその会社から離脱して、改めて一人に戻って現在に至る、というのが私の簡単な独立以降のキャリアです。

振り返れば独立後は何回も資金繰りに困り、誰も方向性を示してくれない中で失敗を積み重ね、途中「もう自分はダメで路頭に迷うことになるかもしれない」とくじけそうになることは何度もありました。それでも私がなんとか5年間生き延びて独立して家族を養うくらいに稼げるようになったのは、私の実力以上にやはり昔所属していた経済産業省という組織の看板のおかげで、私の実力以上にポテンシャルが評価された、という側面が大きいと思います（私は結婚して小さい子供もいます）。

実力が不十分でも元いた組織のブランドのおかげでポテンシャルが評価されて、なんとか関連業界で仕事がもらえたわけですね。今ではもはや「ポテンシャル」で仕事をいただくことはできなくなりつつあり、自分自身の「スキル」でお客様に高い確度で役立てるようなケースでなければ仕事はもらえなくなってきています。またそうでない仕事を受けると自らのブランドが傷ついて今後に響くことになるので、私自身も安易に仕事を受けなくなってきています。

当たり前のことを言っているようではありますが、このような私の「大組織から抜けてなんとか生き抜いてきた経験」というのはみなさんが先々のキャリア、特に60歳以降のキャリアを考えるにあたって参考になることも多いのではないかと思います。さしずめ定年後の60～65歳の5年間の継続雇用期間と、65歳以降の自活すべき期間を先行して味わっているというところでしょうか。

スキル、仲間、ブランドが要る

以下簡単に私がそうした観点からみなさんに伝えたいことをいくつか挙げますと、

（1）会社から独立して仕事をしていくには自分独自の、スキル、仲間、ブランド、が必要になる。

（2）このうち「スキル」は自分自身に帰属するものだから、会社員時代に培った資産をそのまま引き継ぐことができる。ただしサラリーマン時代に培ったスキルは所属していた会社に最適化されたもので、そのまま外で通じるものではなく自ら発展させていく努力が必要となる。これは当たり前のようであるが重要な視点だ。結果的に私自身にとって生き抜く中核的なスキルとなったのは「制度に関する情報を理解し、それを正確に表現する力」だったが、これは経済産業省での法案作成、制度運用業務の中で培われたもので、この力が様々な分野の制度調査・ロビイング業務に役立つことになった。

（3）他方で「仲間」に関しては、退職後に会社時代に築いた人間関係を利用してそのまま仕事に当たることは困難になる。後のブランドの議論とも関係するが、あくまでサラリーマンの会社での活躍は「会社側が社員の活躍できる人間関係や環境を整えてくれている」という前提があってのものということを忘れてはいけない。それを自分の実力と勘違いすると、独立当初の私のように痛い目を見ることになる。

（4）「ブランド」の大切さを組織人が自覚することは難しい。なぜなら組織人は、私がそうであったように、組織のブランドを無自覚に借りて仕事しているからだ。自分自身でどのようなブランドを築きたいか、という理想を描くことは誰にもできるが、そのブランドが現実に機能するには、「やりたいこと」「求められること」「できること」が自分と他者との関係性の中で合致することが必要になる。組織の中にいる限りは、これらすべてを客観視することは難しい。

というところでしょうか。結局のところ会社員時代に培った資産のうち独立後も維持できるのはスキルだけで、あとは徐々に損なわれていくのでまた自ら再構築していく必要がある、ということです。私自身のことを述べますと、退職後5年ほどたってようやく徐々に自分独自の、スキル、仲間、ブランド、が充実してきたと感じています。まだまだ失敗することもたくさんあり毎日迷うことだらけですが、独立当初の数年間に比べれば経済的にも恵まれ、何よりもずっと楽しく仕事ができるようになっています。

みなさんも早いうちにこうした「サラリーマン後の人生」を意識していれば、きっと就労期間の終盤である65歳以降のキャリアが「苦しい時期」ではなく「ボーナスステージ」に変わるのではないかと思います。

『LIFE SHIFT』の予言

ここまでは、私たちが何歳くらいまで生きるか、どれくらい、どのような立場で働かなければいけなくなってくるか、を考えてきました。繰り返しになりますが「私たちの人生は〝標準的〟には87～90歳くらいまでで、これから60歳ごろまでは会社の主戦力として働き、その後65歳までは会社の補助的戦力として働き、70歳までは自活し、その後年金を受給するようになった後も自らの才覚で一定程度の収入を確保する必要がある」ということです。

こうしたアプローチはこれまで先進国で標準になってきた、人生は教育期間、就労期間、引退後、の3ステージに分かれるという「3ステージ型人生」を前提に考えたものです。日本の社会保障制度もこの「3ステージ型人生」を前提にしてきたのは先ほど述べた通りです。しかしながら世界的に長寿化が進む中で、先進国ではおしなべて社会保障給付が政府財政を圧迫する現象が起きており、1990年代以降に生まれた世代、我が国でいう「平成世代」は100歳近くまで生きることが当たり前になり、この「3ステージ型人生」というモデル自体が崩壊するという考え方も普及しつつあります。

2016年の刊行直後から世界中で大ヒットした「THE 100-YEAR LIFE」（邦題『LIFE SHIFT』リンダ・グラットン、アンドリュー・スコット著）という本は、このようなスタンスを取っており、教育、就労、引退、という切れ目は必ずしも明確ではなくなり、個人が自分自身の選択として時々に働き方を選択的に変えていくことになる、と予言しています。そして将来の働き方として次の3形態をあげています。

エクスプローラー

「一箇所に腰を落ち着けるのではなく、身軽に、そして敏捷に動き続ける。身軽にいるために金銭面の制約は最小限に抑える。このステージは発見の日々だ。旅をすることにより世界について新しい発見をし、あわせて自分についても新しい発見をする」

ポートフォリオワーカー

「異なる種類の活動を同時におこなうのがポートフォリオワーカーのステージだ。（中略）以下の三つの側面のバランスが取れたポートフォリオを築くようになる。一つは、支出をまかない、貯蓄を増やすこと。もう一つは、過去とつながりがあり、評判とスキルと知的刺激を維持できるパートタイムの役割を担うこと。そして最後の一つは、新しいことを学び、やりがいを感じられるような役割を果たすことだ。したがって、この人生のステージでは、必然的に幾つもの動機に突き動かされて生きることになる」

インディペンデント・プロデューサー

「インディペンデント・プロデューサーとは、ひとことで言えば、職を探す人ではなく、自分の職を生み出す人だ。（中略）インディペンデント・プロデューサーは基本的に、永続的な企業を作ろうと思っていない。事業を成長させて売却することを目的にしていないのだ。彼らが行うのは、もっと一時的なビジネスだ。時には目の前のチャンスを活かすための一回限りのビジネスの場合もある」

私自身は我が国の制度の硬直性を考えると、私たちが生きている間はここまで急速に、世の中が変わるとは思わないのですが、これまで述べてきたような我が国の社会保障給付が財政を圧迫している現状を考えれば意外に早く日本の財政破綻が訪れ「3ステージ型の人生が崩れる」という予言が当たる可能性も相当程度あると言ってもいいでしょう。

また同書で挙げられた三つの仕事類型についても、企業に雇われていない人、もしくは企業と対等に付き合っている人の働き方として、私の経験上納得するところがあります。おそらく私たちの世代は、「3ステージ型の人生」からの移行・脱却の過程を担う変化の世代なのでしょう。

私自身のキャリアをこの3類型に当てはめて分析すると、大学を卒業した23歳から34歳ごろまでが世界を、また自分を探索してアイデンティティを確立しようという「エクスプローラー」にあたる時期で、35歳から今に至る2年間がある程度確立したアイデンティティとそれまで培ってきた経験をベースに多方面の仕事をする「ポートフォリオワーカー」にあたる時期に変化したように感じます。

振り返ってみれば私が経済産業省を志望したのは「とりあえず中央官庁に入れば社会のいろいろな側面を見ることができるだろうし、社会に貢献する機会を与えられるだろう」という漠然とした思いからで、当初から公務員として一生働こうという意識は希薄でした。実際「社会を探索する」という意味では、官僚組織に入って様々なプロジェクトを担当させてもらう中で、未知の領域をたくさん知ることができましたし、そのおかげでこの本に書いてきたような社会に対する問題意識を明確化することができるようになりました。ただそうなると今度は逆に「この組織でこのまま働き続ける人生では、自分が感じている問題意識が解消されないだろう。そういう人生で自分は満足か？」という自分自身のアイデンティティに関する疑問が浮かぶようになり、31歳になる直前に経済産業省をやめることを決意しました。

それからの３年間は、組織から抜けた自分個人の存在の無力さを痛感するとともに、そんな無力な自分に今何ができるだろうか？　ということを模索する日々でした。そうして必死にあがき続ける中で自分自身のコアとなる能力を磨き、仲間を見つけ、少しずつブランドを築きあげてきたことは先ほど述べた通りです。

現在の私はと言いますと、再生可能エネルギー業界の他にも複数の業界からコンサルティング業務を請け負いながら、国家公務員としての経験なども活かしつついくつかのメディアに連載や番組出演という形で関わっています。また自分自身のプロジェクトとして立ち上げようとしている会社もあり、その意味では「インディペンデント・プロデューサー」への脱皮を目指している側面もあります。これは別に私が進んでいるというわけではなく、会社という組織の外で働こうとすると必然的にそのような働き方・生き方になってしまう、という自然の力がなせる業なのだと思います。

2倍になった余生期間

少し自分語りが長くなってしまいましたが、こうした流動的な仕事の概念が出てきた背景には長寿化の結果あまりにも就労期間と引退期間が長くなってしまったという問題があるのでしょう。人生が65年で計算できた1950年代は「概ね15〜20年間教育を受けて、35〜40年間働いて、残りの10年間を隠居して過ごす」というような形で全体のバランスが取れていました。人生が90年近くなった我々の世代で3ステージ型人生を当てはめると先ほど説明したように「概ね20〜25年間教育を受けて、45〜50年間働いて、20年間余生を過ごす」ということになるわけですが、就労期間が1・3〜1・4倍程度にしかなっていないので余生と呼ばれる期間は2倍になっており、また教育にかかる投資も大幅に増加しており、全体のバランスが崩れつつあります。

そのような中でかつての3ステージ型モデルで逃げきれる世代と逃げられない世代に分かれ、私たちの世代は「逃げられない世代」に属するというのが本書の主張なわけですが、ではそれが本当に残念な話なのか、というと必ずしもそういうわけではないと思います。

旧来の仕組みの中で汲々として逃げきろうとしなければいけない上の世代よりも、最後の最後まで社会との関わりを持ち続けて、新しい世の中の仕組みを作り続けられる我々の世代の方が幸福な面も大きいと思います。大事なことは、我々の世代がこうした「生涯現役」とでもいう時代に合わせて社会の制度設計を変えていくことができるのか、またそうした社会の変化に適合して私たち自身が働き方・生き方を変えていくことができるのか、そして私たちがその変化の環境を楽しめるのか、ということなのだと思います。

皆さんも一度65歳の自分を想像しながら、今の自分が、「エクスプローラー」なのか、「ポートフォリオワーカー」なのか「インディペンデント・プロデューサー」なのか、また今後どのようにあろうとしているのか、考えてみることをお勧めします。人生やキャリアの見え方が変わってくるかもしれません。

私たちはどれくらいもらえるか

少し抽象的な話が続きましたので、またマクロの具体的な話に戻りましょう。

この項ではズバリ「私たちはどれくらい年金をもらえるのか？」ということについて

考えてみたいと思います。この点については一応政府の明確な長期試算が示されています。年金の長期財政については5年ごとに定期的に検証されることが義務付けられており、直近では2014年6月にその検証結果が出ています。

この時政府は2024年度以降の毎年の経済成長率を1・4%～マイナス0・4%の幅をもたせてA～Hのパターンに分けて試算し、私たちの年金の受給額を計算しました。このうち、C（経済成長率0・9%）、E（経済成長率0・4%）、G（経済成長率マイナス0・2%）について、出生推計や死亡推計の前提条件が変化した場合についての所得代替率は次のようになります。この「所得代替率」というのは「現役期間の可処分所得のうち何%を年金としてもらえるか」という指標で、2017年度現在はこの値は60・9%となっています。

	標準的な所得代替率	（出生の前提が変化した場合）出生高位	出生低位	（死亡の前提が変化した場合）死亡高位	死亡低位
ケースC	51・0%	54・4%	50・0%	53・0%	50・0%
ケースE	50・6%	54・2%	50・0%	52・6%	50・0%

ケースG	50・0％	50・0％	50・0％	50・0％	50・0％

（厚生労働省「国民年金及び厚生年金に係る財政の現況及び見通し―平成26年財政検証結果―」より）

右の出生高位、低位というのは出生の前提が変化した場合、また死亡高位と低位は死亡の前提が変化した場合を示しています。

所得代替率は、右の表から分かるように試算の前提条件によって変わっており、私たちがどのケースの値を参照して人生設計すればよいのか、というのはなかなか難しい問題です。ただ平成以降政府の社会保障に関する将来推計は常に最悪のケースを下回り続け状況が悪化してきた歴史がありますから、ここでは最も悲観的なケースでGのパターンを採用することにしましょう。

「50％を下限とする」

この時の所得代替率の値を見てみると、たとえ死亡数や出生数が想定より低位に振れて人口構成が崩れたとしても、50％が維持されるものとされています。この理由は単純で、法律で「所得代替率は50％を下限とする」と定めており、保険料収入が足りない場合は年金の裏の財源である積立金を積極的に取り崩すことを想定しているからです。

本来2081年度までかけてゆっくり取り崩すはずの積立金を早いペースで取り崩すということですね。こうした措置を取らない場合の所得代替率は基本ケースで42％、最低ケースだと35％まで下がることが想定されています。この場合現役時代の3分の1強の収入しか得られなくなってしまい、なかなか生活がきつくなることが予測されます。いずれにしろ積立金という裏の巨大な財源があるため私たちは「年金が本当に雀の涙程度しかもらえない」というようなことはあまり想定しないで済みます。

ただここで問題となるのは、この「所得代替率50％」は一般会計から毎年の税金の投入を前提としていることです。具体的には日本の厚生年金制度は「基礎年金部分と所得比例部分」に分かれているのですが、このうち基礎年金分の2分の1は税金からの補塡によって賄われることになっています。

例えば2018年度の社会保障関連予算では総額33兆円のうち11・7兆円が年金への補塡財源として投入されていますが、このほとんどは基礎年金の国庫負担費です。我が国の財政状況からみて、こうした年金財政への大規模な補塡措置がいつまで続けられるのか、ということはよくよく考えてみる必要があります。

第2章で述べたように我が国の借金頼りの財政に持続可能性はなく、このままでは20～30年以内に破綻し、これ以上の借金の拡大が許されない状況が来る運命にあります。

仮にこのような、いわば財政破綻の状態になった時に初めに削減されるのが年金に関する予算です。実際ギリシャにおける財政破綻後の予算削減の対応を見てみると、

・年金の給付水準が引き下げられる
・年金に対する課税の強化が段階的に行われる
・退職年齢が段階的に引き上げられる

という順に早々に年金の切り捨てが進められていきました。

このような先行事例から仮に政府予測の最低水準に事態が推移し、なおかつ我が国で将来的に財政危機が起きて、基礎年金の税負担分がなくなるケースを想定すると標準ケースでは所得代替率は「32・0％（基礎年金部分が10・1％、所得比例部分21・9％）」程度まで落ち込むことが想定されます。現役時代の3分の1強の収入しか得られないと

いうわけですね。我が国の平均的な手取り収入月額が35万円弱ですから、だいたい月々11万円の年金収入ということになります。

年収ベースだと、国税庁による2016年度の平均給与年収は額面で、男性は521・1万円、女性は279・7万円ですから、仮に夫婦共働きを続けてきたサラリーマン世帯を考えると次のようになります。

夫婦年収（521・1万円＋279・7万円）×源泉徴収（20％）を除いた手取り率（80％）×所得代替率（32・0％）＝205万円

年間205万円、月17万円程度の年金収入が期待できることになります。

他方で家計調査によると高齢者世帯の平均支出は月々25万円程度ですから、これだと赤字で貯金を取り崩す脆弱な生活を強いられることになります。病気などで支出がかさんだ際には一気に危機水準に陥るでしょう。最低ケースでは所得代替率は27・7％程度となり、状況はさらに悪化します。

現役時代の25％を確保せよ

もちろん第2章でも述べたように年金の財源は単純に語れるものではなく、ここでの試算はインフレ率や、積立金の推移などを加味しない粗いもので精緻さに欠けています。ただ我々の世代にとって厚生年金収入は「老後の収入源の中心ではあるものの、それだけで暮らしていくということは難しい収入」と考えるべき、ということは言えると思います。そう考えると70歳以後も本当に現役時代の50％の所得を確保するには、私たちは政府の言う事をあまり鵜呑みにせず、現役時代の15～25％程度の収入は確保できる術をもっておかなければいけないという話になります。

そのためにはやはり先ほど述べたように早いうちから定年後のキャリアのあり方というものを意識しておく必要があると言えるでしょう。

心配することはありません。これから人口は減り続け、人手不足は加速します。今ですら、２０１７年の求職者一人当たりの求人を表す有効求人倍率は１・５で過去最高（１９７３年の１・76）に近い水準なのですから、準備さえしておけば、必ず高齢者になっても私たちの活躍できる場は見つかるはずです。

財政破綻のタイミング

少しずつ個人の話から社会の話に、視野を広げていきましょう。

先ほど「財政破綻」という言葉を使いましたが、我が国におけるこの言葉の意味合いについて考えてみましょう。財政破綻と聞くと、戦前のドイツや冷戦後のロシアのような通貨の価値が崩壊して紙屑同然になり経済が崩壊するハイパーインフレを想定するような人も多いと思いますが、我が国においてそのような破滅的な事態が起きる可能性は極めて低いでしょう。こうした国々は破綻する際に海外の金融機関や国等から多額の借金をしていました。そのため財政破綻の影響はすぐに国際的に波及し、他国からの通貨の投げ売りにつながり、それが通貨の価値の喪失、ひいては経済の崩壊に繋がっていきました。

これに対して日本政府の借金というのは日本国民からのものがほとんどですから、基本的には日本の国内問題ということになります。また第3章でも述べた通り国際社会との関係では、日本という国の基本的な経済安全保障のモデルは「資源を輸入して、フルセット型の産業構造で国内の需要を賄いうる経済体制を整備し、余剰を輸出して貿易黒字を維持する」というものです。

近年では貿易摩擦を避けるためグローバル企業が「現地生産、現地販売」を進めているため、必ずしも貿易黒字というわけではなく外国からの特許等のロイヤルティ収入に形状は変化していますが、基本的な性質は変わっておらずオイルショックやリーマンショックや東日本大震災後などのごく一時期を除いて我が国は国際収支の黒字を維持し続けています。今後ともこの構造が続く限りは、我が国の通貨である「円」の国際的な信認はそう簡単には揺るがないでしょう。その意味でも我が国における財政破綻に関わる問題は、現在の経済モデルが維持し続けられる限りは、国内問題に帰結します。

第２章でも説明した通り日本が財政破綻するとしたらそのタイミングは、おそらくはこれ以上日本国内で日本国債を消化できなくなるタイミングですから、財政破綻の影響は「政府財政規模の急激な縮小」という形で現れるものと思われます。その際まず切り捨てられるのは、先ほど述べた通り年金であり、加えて医療サービスの自己負担の割合の引き上げなどが行われると予測されるところです。

どの税をどれだけ上げるか

他方で政府・財務省としては財政の破綻の時期をなるべく先にするため、またその影響をなるべく軽減するため、今後とも少しずつ増税を続けることになるでしょう。我々にとって当然増税は嫌な話ですが、このまま全く増税せずに借金頼りの財政を続けていると財政破綻時に急激な増税が実施されることになりますから、将来のリスクを小さくするという意味でもある程度の増税は認めた方が残念ながら賢明ではあります。

したがってむしろ議論すべきは増税そのものではなく「どの税金を、どれだけ上げるのか？」ということになります。まずは後者から考えていきましょう。「国民負担率」という、国民がどれだけ税金（社会保険料なども含む）を払っているか、という指標を見ると、２０１４年度時点で、日本は国民所得（ＮＩ）比で42・２％、ＧＤＰ比で30・８％が税金として徴収されています。

ＮＩとＧＤＰのそれぞれの言葉の厳密な定義については難しくなるので説明を省略しますが、簡単に言えば「我々が実際に稼いだ現金（ＮＩ）から42・２％が、日本全体の経済活動比（ＧＤＰ）では30・８％が、毎年政府に税金として徴収されている」ということになります。

これはとてつもなく高い水準のように思えますが、先進国の中では実は低い水準にあたります。先進国の集まりである経済協力開発機構（ＯＥＣＤ）の加盟国では、国民負担率の中央値はＮＩ比で49・5％、ＧＤＰ比で34・0％程度です。我が国の２０１８年度のＮＩは４１４・１兆円と予測されていますが、このＮＩ比の税収は42・5％、政府財政は48・7％となっています。

つまりはこの差分の６・２％分が、25・６兆円の財政赤字になっているというわけですが、今後政府の財政規模をそれほど大きくせずにＯＥＣＤの中央値近くまで国民負担率を上げれば我が国の単年の財政赤字は解消されることになりますから、政府は財政規模の拡大を制限しつつこの水準まで税金を上げることを長期的に目指すことになるでしょう。

続いてどの税金をどの程度まで上げるか、ということですが、これも結論から言えば消費税が中心になるでしょう。こういう主張をするとすぐに「個人からこれ以上税金を取るな、お金を溜め込んでいる企業から直接税金をもっと取れ」という声が上がるかもしれませんが、その場合大きな問題が生じます。それは株価を押し下げる要因になるということです。企業の株価は原則として、その企業の持っている資産と、利益からの配当の水準によって決まるものなので、法人税を上げると配当の原資となる利益がその分減り、必然的に株価が低迷してしまいます。この場合株式市場で多額の資金を運用している年金の積立金に大きな損失が出て、我々の将来の年金の財源が減ってしまうことになります。そうなると困るのは私たちです。

企業が溜め込んでいるお金は、配当に回すなり投資に回すなりして株の価値を高めることに使ってもらわねばなりません。そのような事情もあり政府としては当面法人税に関してはむしろ減税を進め、その減収分を高所得者の所得税率の引き上げなどでカバーする、というような方針が示されています。つまり直接税は今後大きな増税は予定されていないということです。

やっぱり消費税増税

したがって仮に増税を進めるならば、法人税や所得税などの直接税ではなく、消費税などの間接税が中心にならざるを得ません。では「どれくらい消費税を上げればいいのか?」ということですが、仮に日本が現在の水準の経済規模を将来にわたって維持できて、財政赤字規模も膨らまず、大きなインフレも起きず、また消費増税による消費の萎縮効果がないとした場合、概ね消費税1%あたりの税収は2〜2・5兆円程度ですから、25・6÷2＝12・8の計算で、現在の8%から13%ほど税率を上げて消費税を20%以上にまで上げれば辻褄が合うことになります。

ただ現実には日本政府の借金はまだまだ増え続けますし、社会保障給付も膨らみ続けます。金利もいつまでも抑え続けるわけにはいかないので、これだけ消費税を上げても財政赤字は解消されずどこかで破綻が訪れて政府財政がシュリンクする事態が避けられなくなる可能性は高いでしょう。

それでもそのショックは増税しない場合に比べてずっと緩やかなはずです。そのようなわけで、私たちは今後20年程度かけて消費税を20％以上まで上げていくことを覚悟しなければいけませんし、なおかつそれでも財政再建はなされないかもしれない、というヘビーな現実を受け止める必要があります。

異次元緩和をどう「店じまい」するか

財政再建の話の中で「日本国債を国内で消化している限りは、財政再建は国内の問題に過ぎない」という話をしました。この点については第2章でも簡単に述べましたが、ここで改めて異次元緩和や社会保障財政との関係において、国内問題としての財政再建の意味合いをもう少し深く考えてみましょう。

第2章で述べた通り、日銀は2013年度以降年間60～80兆円というまさに異次元のペースで日本国債を買い続けており、足下ではペースが鈍ってはいるものの今や日本国債の4割以上は日銀が保有しています（17年12月22日現在438・4兆円保有）。

おかげさまで日本政府は0％に近い超低金利で国債を発行して、数十兆円規模の資金を調達できる恵まれた環境を謳歌しているのですが、このままでは地方銀行の経営が悪化して、金融不安を招きかねない状況にあります。そのためこの超低金利環境はいつまでも続けられるわけではなく、どこかで異次元緩和を終わらせる「出口論」を考えなければいけないことになります。公式アナウンスでは日銀はまだまだ異次元緩和を続けることとしていますが、2018年度には17年度に続き日銀は国債の買入量を減らして40兆円前後になると観測されており、「大盤振る舞いは店じまい」という様相が漂っています。

そもそも国債の発行量が有限であり、また銀行の経営への影響を考えると、どこかの段階で日銀は超低金利での大規模な国債の買い入れを止めざるを得ないわけですが、ただこれだけ日銀による国債の買い入れが常態化してしまった状態で、急激に国債買い入れ量を減らすのが難しいことも事実です。そのためしばらくは新規赤字国債の発行規模

（18年度は27・6兆円）を上回り続けるように日銀は30～40兆円規模の国債の新規買い入れを続行せざるを得ないでしょう。当然のことながら金利0％の国債を大量購入して長期保有しようとする民間の金融機関はありませんからね。ただ現実問題として先ほど述べたように、日銀はどこかの段階で新規赤字国債の発行規模を上回るような国債の大量購入を縮小し、同時に他者が国債を購入できるように少しずつ金利を上げていく必要があります。これは政府の利払費増加による財政悪化に直結しますから、慎重に進める必要があり、この進め方を一般に「出口戦略」や「テーパリング」といった呼び方をします。

年金積立金の再登場

では実際に我が国が出口戦略を迎える時に主役になるのは誰かというと、それはおそらく年金積立金を運用する年金積立金管理運用独立行政法人（ＧＰＩＦ）です。年金積立金は２０４０年度ごろまでは取り崩しを抑えて残高が増えていく可能性が高くなるように設計されており、同年度には国民年金と厚生年金の積立金は合わせて１６０兆円～２３０兆円規模になるものとされています。積立金の性格上かなりの幅が生じるのは仕方ないですが、この積立金が多ければ、日銀の代わりに日本国債を相当程度引き受けることができ、出口戦略が容易になります。

もちろん年金積立金は我々の大切な年金の財源で資産が減っていくような運用は許されませんから、それまでに国債の金利はある程度上がっておいてもらわなければ困ることになります。他に有効な選択肢もありませんから、おそらく異次元緩和については「2018年以降徐々に金融緩和の規模を縮小していき、2040年までに少しずつ調達金利を上げ、日銀は本格的に金融緩和から撤退し、政府はそれまでに増税を終え利払費増加の準備をし、その後年金積立金が国債を引き受け、民間の金融機関を呼び込んでいく」というような店じまいの仕方をしていくと思われます。現在の超低金利環境は最大でも2040年までの時限措置というわけですね。2040年が先か、地銀の体力が尽きるのが先かということです。

ここでキーとなるのはやはり株価ということになります。

年金積立金はその資産の25%を海外株式、25%を国内株式、15%を海外債券、35%を国内債券で運用しています。債券では大幅な資産増加は見込めませんから、資産規模を左右するキーとなるのは国内外の株式の運用結果ということになります。これは地銀についても同様で、超低金利環境下で融資による利益が見込めず、また個人の不動産融資も人口減で大幅な増加が期待できないとなると、投資信託の販売による手数料収入が新規事業の中核にならざるを得ない状況にあります。実際、安倍政権誕生以降は投資信託の残高は急増し、２０１２年末には１００兆５３５２億円だったものが17年末には２０７兆１６４１億円と倍増しています。

長らく我が国は貯蓄が多く株式投資が活発でなかったため「貯蓄から投資へ」ということが盛んに叫ばれてきたのですが、皮肉なことに超低金利という環境で銀行主導によりそれが達成されつつあります。現在は株価が上昇局面にあるため大きな問題は起きていませんが、株価が低迷すると我が国は社会保障財政の枯渇という面でも、金融環境の正常化という面でも、また消費者の資産の目減りという面でも、深刻な問題が出てくるでしょう。

このように私たちの社会保障財政の未来が明るいか暗いかは、多分に株価にかかっていますし、それはある意味で我々の世代の踏ん張りに日本の金融・社会保障の将来がかかっているともいえるでしょう。なので上場企業にお勤めのみなさん、みなさんがお金をたくさん稼いで、自身の収入を上げ、ひいてはお勤めの企業の株価を上げることは、私益のみならずまさに国益に適います。頑張って稼いで、株価を上げてくださいね！

資源航路にあるリスク

先ほど述べたように戦後日本という国の基本的な経済安全保障のモデルは「自由貿易体制下で資源を輸入して、フルセット型の産業構造で国内の需要を賄いうる経済体制を整備し、余剰を輸出して貿易黒字を維持する」というものです。第3章で歴史を辿ってきた通りこうした構造は国際収支の赤字で苦しんだ戦前の経験から、長年の官民あげての努力で構築したもので、おかげさまで我が国は戦後長期間平和を謳歌することができています。しかしながら今後とも当たり前にこうした我が国の経済安全保障モデルは維持できるのか、という疑念が残ります。

まず第一の問題点として我が国は資源航路の安全保障をあまりにもアメリカに依存し続けているという問題があります。資源輸入という観点で見た時、我が国は主要資源である石油・プロパンガスを中東から、石炭・天然ガスを東南アジア・オーストラリアからの輸入に大きく依存しています。具体的な国名でそれぞれの2015年時点の資源の輸入先上位3ヶ国をあげると、

・石油　サウジアラビア、アラブ首長国連邦（UAE）、カタール
・プロパンガス　アメリカ、カタール、UAE
・石炭　オーストラリア、インドネシア、ロシア
・液化天然ガス　オーストラリア、マレーシア、カタール

という具合です。石炭・天然ガス・プロパンガスについては比較的安定した環境で調達できているものの、石油については地政学リスクが高いかなり危険な地域から多くを調達しており、このポイントを封鎖されれば貿易が止まるというチョークポイントが数多く存在しています。またよく言われることですが、ホルムズ海峡とマラッカ海峡が封鎖されれば日本経済は1ヶ月で破綻します。

実際1973年と79年のオイルショックで中東諸国が日本に対する石油供給を削減した際には我が国の経済は大混乱に陥り、例えば73年の第一四半期の日本の卸売物価の対前年上昇率は33％にも上りました。それでもこうした危機を乗り越えて、中東から長年にわたって我が国が安定して資源を調達できたのは、率直に言って我が国がアメリカの

安全保障の傘の下にいたからと言ってもいいでしょう。米軍はサウジアラビア、UAE、オマーン、カタール、クウェート、ヨルダンなどに基地を展開しており、我が国の資源輸入航路の安全を保障してくれています。

これは別に日本だけのためというわけではなく、アメリカ自身が中東から資源を輸入していたことや中東の石油権益をアメリカの企業が保有していたことにもよるのですが、いずれにしろ日本が長らくこうしたアメリカの努力に〝ただ乗り〟してきたのも事実です。しかしながら中東における民族意識の高まりでかつてほどアメリカはこの地域において影響力を発揮できなくなってきており、いわゆる石油メジャーのシェアが低下し、一方で国内のシェールガス・オイルの開発が進み資源自給率が上がっていることなどを背景にアメリカにとって中東政策のプレゼンスは下がりつつあります。他方こうしたアメリカの動きを尻目に中国は資源航路への進出を活発化させており、「一帯一路」などの政策ビジョンを示して、この地域への投資を活発化させています。

「取引材料」にされないために

中東からの資源航路の安全保障を担う役割をこのままアメリカと中国に完全に任せて

しまうと、我が国は両大国の覇権争いに直接巻き込まれ外交の取引材料にされかねません。例えば「中国はこれまでよりも資源航路の安定に力を尽くすから、アメリカは尖閣諸島の問題に関与するな」などという交渉が行われる可能性は十分あるのです。このような中、日本としてもアメリカが提供してくれる安全な資源航路にただ乗りし続けるというわけにはいかず、自らの地位を守るためにより積極的な役割を果たしていかなければならなくなるでしょう。

具体的にはこのような国際的に重要な航路の資源の安全確保については、国連による集団安全保障措置の対象として、日本もその活動に対して積極的な役割を果たして発言権を確保するような取り組みが求められます。その意味ではすでに日本は限定的にソマリア沖の海賊対策などにおいて、国連の安保理決議に基づく多国籍軍の活動に部分的に参加していますが、今後はより積極的に、むしろ米中日が共同で資源航路の安全を確保するような枠組みを作り、この地域の安全保障を国家間のパワーゲームにしないように最大限努力しなければ、国力の衰えとともに先ほど言及したような米中の覇権争いの取引材料にされ、様々な不利益を被ることになりかねません。

しばしば議論になる憲法９条の改正も、「日本は戦争ができる国になってしまうのか」

「自分の国を自分で守れないでどうする」などといった倫理的・哲学的な観点から論争をするのではなく、本来このような実情を踏まえて、我が国として集団安全保障と集団的自衛権をどう使い分けて領土・国益を守っていくべきか、という戦略的な観点から検討されるべきことなのだと思います。これから憲法改正の議論が本格化し、9条改正の議論が白熱することが予測されますが、私たちはある程度長期的かつ国際的な視点を持って議論していく必要があります。時々の感情に流されて戦略を持たなければ、日本は20年後、30年後には大国外交の中で埋没しかねない状況であることを忘れてはなりません。

わずか7%のエネルギー自給率

ここで我が国の安全保障について、原子力発電の是非、という観点から考えてみたいと思います。戦後長らく我が国において原子力発電は、安価で、（CO_2や排気ガスを出さないという意味で）クリーンで、一度燃料を投入したら数年間稼働し続ける準国産資源である、という点で重宝されてきました。このような幻想が崩れたのは言わずと知れた東日本大震災による福島第一原発事故で、我が国は首都圏壊滅クラスの大事故の一

図15　主要国の一次エネルギー自給率比較（2015年）

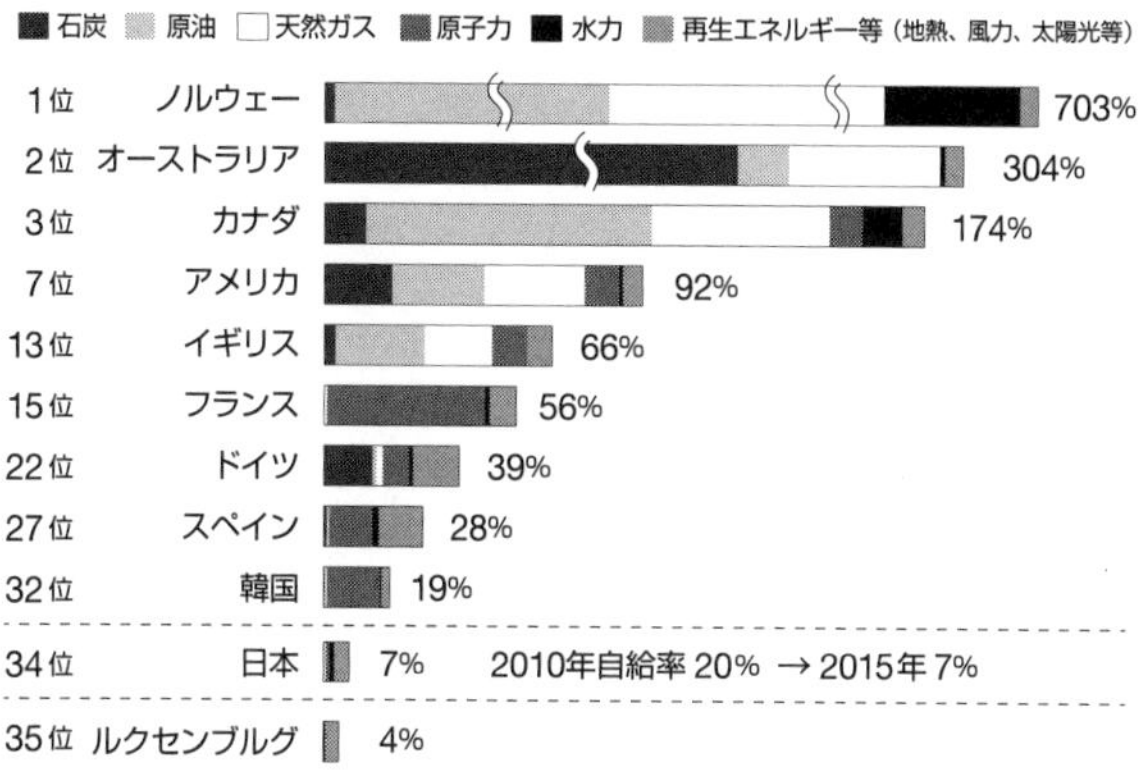

資源エネルギー庁HP「日本のエネルギー（2017年度版）」をもとに作成

歩手前まで追い込まれました。それ以後国民の原子力発電に対する信頼は地に落ち、現在は全42基のうち、わずか数基が稼働するのみの状況となっています。

この状況を資源安全保障という観点で評価すると、日本はただでさえ脆弱だった資源自給率が輪をかけて脆弱になったと評価できます。図15が示すように、２０１０年には約20％あったエネルギー自給率は原子力発電が低下した影響により15年には約７％にまで落ち込みました。これはＯＥＣＤ加盟国35ヶ国中34位という水準です。

韓国は32位で日本と同じ問題を抱えていることが見て取れますが、原子力発電が稼働している分だけ差がついてエネルギー自給率は約19%となっています。なお最下位のルクセンブルグの人口は60万人弱ですから、日本や韓国と比較するにはちょっと規模が違いすぎるでしょう。こうした日本の資源危機に対する脆弱性を訴えると、「原発なんかなくたって、現実に電気は足りてるんだから全く問題ない」と反論する方がいらっしゃいますが、それはある意味で原発とは異なる意味での「安全神話」に陥っていると言えるでしょう。

仮に中東で何らかの政治的危機が起きたら、オイルショックの例を挙げるまでもなく現状の日本の危ういエネルギー需給構造は崩れてすぐに経済が危機に陥ることを私たちは認識する必要があります。そもそも日本はアメリカの石油の禁輸措置の結果石油を求めて太平洋戦争を起こしたことを忘れてはいけません。

また原子力発電には資源という文脈を超えた、「擬似核武装」という軍事上の意味合いがあることも忘れてはいけません。我が国では原子力発電の核燃料廃棄物からプルトニウムを抽出して再度原子力発電の燃料として利用する「核燃料サイクル」という政策が推進されています。このプロジェクトは問題が多く必ずしも経済的にペイしないのですが、それでも国策として進められてきたのは安全保障上の意味合いがあります。第3章で述べたように佐藤栄作総理はアメリカの懸念から核保有を諦め非核三原則を宣言しましたが、日本は潜在的な核保有の可能性自体は放棄しませんでした。

原子力発電を有する意味

そのため原子力発電の燃料の再利用という形で核開発に関する技術的体系を残そうとしたのが核燃料サイクルです。核燃料サイクルの過程で使われる「使用済み核燃料からプルトニウムを取り出す」という技術は、そのまま核兵器用の燃料確保にも転用できる技術ですし、日本は直接にミサイルは持たずとも宇宙ロケット開発などで要素技術として核兵器ミサイルを開発するための技術は全て保持しているため、もし日本政府がその気になれば３ヶ月程度の時間があれば核兵器の開発をすることができると言われています。第３章で述べたように「日本がその気になればいつでも核保有国になれる」という状況を維持すれば、アメリカが日本を見捨ててアジアの安全保障について中国と妥協するような致命的なリスクは大きく軽減します。

誤解がないように言っておきますと、私は日本が核兵器を保有することはアメリカの反発を招くため反対の立場ですし、原子力発電も日本が資源を十分に持っている国ならばあえて推進する必要はないと思っています。ただ今後日本が国際経済の中で占める地位が低下していき、外交上のポジションを維持することも危ぶまれる中では、何らかの形で安全保障上の意味合いに特別なオンリーワンのポジションを維持する必要があり、そのためには原子力発電の再稼働も核燃料サイクルの継続も必要不可欠だと思っています。

仮に福島第一原発の廃炉にも成功し、核燃料サイクルをやり遂げれば、日本は原子力発電に関して事故対応も含めた全ての技術・ノウハウを有することになり、原子力発電の利用に関して他国をもって替え難い存在になるでしょう。例えば、廃棄した核兵器のプルトニウムを発電用に転換して安全に処理する、というような形で核兵器の廃絶に貢献するような取り組みもできるようになるかもしれません。北朝鮮の非核化にも大いに貢献できるでしょう。

確かにこの瞬間だけを見れば、電力は足りており特段の不都合はないことや、福島第一原発事故の経験を考えれば、原子力発電を放棄して「脱原発」してしまった方がいいようにも思えます。ただ今後50年、60年を生きていかなければいけない我々としては、中東での有事や日本の国際経済に占めるポジションの低下を考えると、原子力発電の負の側面も含めて、日本として徹底的に付き合って、それを安全保障政策の観点から活かしていく必要があるのではないかと考えるところです。

自由貿易の未来

最後に自由貿易をどう維持していくか？　ということについて考えていきましょう。

今現在世界の自由貿易体制を事実上維持しているのはアメリカといってもいいでしょう。世界の防衛費、軍事費を比較した時にアメリカは戦後一貫して1位に輝いてきましたし、今現在も購買力平価で見た水準で2位の中国の2倍以上の水準を誇るほどに圧倒的に巨大な投資を軍事部門にしています。

このようにアメリカがその強大な経済力を背景に、世界の海を支配できるほどの強大な軍事力を有しているからこそ、アメリカは世界の貿易ルールの基本原則を決定できる立場にあります。もちろん全てがアメリカの言いなりというわけではありませんが、アメリカが最も影響力を持つことに異論を唱える人は少ないでしょう。これはまた逆も真なりで、しばしばアメリカは貿易赤字解消のために各国に保護主義的で強権的な制裁措置をとることがあり、度々日本もその標的になっていますが、これもアメリカだからこそ許され国際問題にならないという側面があります。仮に日本がアメリカのように独自の制裁を各国に取り始めた場合、すぐに反発を生み、巡り巡って資源貿易に関する制裁を受けて、逆に日本が困ることになってしまうでしょう。

これに対して資源自給率が高く国内需要も大きいアメリカにはそのような心配がそれほどありません。自由貿易の旗手たるアメリカが、実のところ一番自由貿易を必要としていない、という構造は皮肉なようですが実は戦前と変わっていません。第3章で説明したように戦前はアメリカが自由貿易を放棄したことにより国際秩序の混乱を生みましたが、現代はアメリカが自由貿易を擁護することでかろうじて国際秩序を保っているのです。

しかしながらこうしたアメリカのポジションが今後とも維持されるかどうかには疑問があることはこの本で再三述べてきた通りです。軍事面では中国という、少なくともアジアという地域ではアメリカに匹敵する軍事力を有しかねない存在が勃興していますし、オバマ大統領やトランプ大統領の誕生が象徴するように内政面ではそれぞれ社会保障負担の増加や保護主義が頭をもたげてきています。このような中で日本としては、通商政策面においてアメリカとの関係とは異なる文脈で新たな自由貿易経済圏を作る努力をする必要があるでしょう。その意味では現在日本および東南アジア、北・南米、オセアニアなどの11ヶ国の間で進められている包括的な自由貿易協定である「環太平洋パートナーシップに関する包括的及び先進的な協定（ＴＰＰ11）」などの取り組みは重要な意味を持つことになるでしょう。

ただそれだけではやはり不十分で、自由貿易を今後とも維持するための本質的な問題解消に向けた取り組みとして、現在アメリカ一国が過剰に抱えている自由貿易を保持するための軍事負担を軽減していく必要があります。だからといってアメリカの負担を日本が代わって担うことは能力面でも財政面でも困難ですから、アメリカの負担を徐々に国際連合を中心とした集団安全保障の枠組みの中で処理して世界中で薄く広く負担していくように構造を変えていく必要があり、日本としてもその中で主導的な役割を果たすよう努力していく必要があるでしょう。繰り返しになりますが、憲法９条の改正などもこのような文脈から検討されるべきです。我々はアメリカ一国に過剰な負担をかけて国際的な自由貿易の枠組みを崩壊させてしまった戦前の愚を繰り返してはなりません。そうなった時に一番追い込まれるのは、世界の先進国の中で最も脆弱なエネルギー需給構造を持つ日本なのです。

日本の未来は明るい

さてこれで本当に最後になりますがこの本の締めとして、私が日本の未来、私たちの未来について思うことについて述べておきたいと思います。

結論から言えば私は、日本の未来は明るい、と確信しています。それはなぜかというと結局のところ理屈ではなく、この日本という国が歩んできた歴史に依ります。私は歴史の専門家ではないので確実なことは言えませんが、国民国家、という概念が世界に普及したのはフランス革命以後のことなので、日本という国が国民の意識レベルで定着し、成立したのは1868年の明治維新以後のことだと思っています。本書刊行時は2018年ですから、それからちょうど150年経ったことになりますが、この間日本には国がいつ潰れてもおかしくないという苦難がたくさんありました。

戊辰戦争・西南戦争という内戦を乗り越えて封建社会から立憲制社会へ転換したこと、日清戦争・日露戦争で中国・ロシア、二つの大国を相手に勝利したこと、太平洋戦争で敗戦し国家分断・消滅の危機を迎えたこと、バブル崩壊で不良債権が大量に生じ経済が崩壊しかねない危機を迎えたこと、いずれもその時々を生きてきた人たちにとっては、計り知れない苦難であったと思いますが、日本人はそれを乗り越えてきました。

これから訪れる日本社会の変質は、かなり厳しく私たちの世代にとっては深刻なものになると思いますが、それでも戦前の日本が経験したような国家が消滅するか、というレベルの問題に比べればずっと軽い問題だと思います。試されているのは私たちの国民としての団結で、私たちが民主主義のルールの下で立場を超えて議論を重ねて、この本で述べてきたような長期的な問題に対して事前に対策を練ることができる仕組みを作れば危機的な状況は起きることはないでしょう。

ただ第1章で述べたように、今の日本の国会・行政の仕組みは、将来的な長期課題に与野党の枠を超えて対処できるような仕組みにはとてもなっておらず、むしろいたずらに与野党の分断をもたらし、本質的な問題に関する対策の検討を先送りさせてしまう構造になっています。その意味で本当に私たちが取り組まなければいけないのは、こうした日本の国会・行政の仕組みを改革すること――それは即ち憲法改正につながるわけですが――なのだと思います。

この本で、そうした国会・行政機構の問題に対する解決策のあり方まで示せればよかったのですが、私の能力では問題の所在を明らかにするだけで精一杯でした。ただ個人的には、社会構造に関する本質的な問題に関しては、誰か優れた一人が解決策を提示するのではなく、それぞれの立場を超えて与野党の議員が国会で議論をして問題解決の方法を模索するのが民主主義の醍醐味であり本質だと思っています。

私は立場柄、与野党様々な政治家とおつきあいさせて頂いていますが、その誰しもが「今の行政・国会の在り方はおかしい」という点については共通した認識を持っていますし、また「地元を愛し、この日本という国を愛し、よりよくしたい」という思いは共通しています。官僚機構についても、しばしば不祥事を起こすこともありますが、かつて中にいた私から見ればほとんどの職員は「なんとか日本という国の発展に貢献したい」と思っている方々です。そうでなければ今の時代好きこのんで公務員になる人はいないでしょう。少なくとも彼らの入省当時の実力を以てすれば、もっと条件の良い職場で働くことは簡単なのですから。

とはいえ今は既存の国会・行政のシステムの枠組みに乗って議論せざるを得ないので、与野党対決型にならざるを得ず、政治が短期志向になってしまい官僚としても問題の先送りを誘発するよう政策を立案せざるを得ない状況であることは冒頭に述べた通りです。ただそれでもいずれは本質的な課題と向き合わねばならない時期が来ることは明らかですし、その時になれば与野党・官僚がそれぞれの立場を超えて胸襟を開いて、新しい日本の統治システムを作ってくれるでしょう。彼らの〝大部分〟はバカではなくむしろ勤勉で優秀ですし、なによりも日本のことが好きなのですから。

本当の知恵と活力

あとは私たち国民の側がこれからの変化の時代に対応できるのか、という問題ですが、それに関しては心配いらないでしょう。ですよね、皆さん？

私はかつて国家公務員という立場でマクロ的な観点からばかり物事を見て、「もうこの国に明るい未来はない」と絶望して、退職を決意しました。ただその後5年間個人という弱い立場になって必死に生き抜こうとする中で、この国に生きる人の本当の知恵や活力や優しさを肌で味わうことができ、そのダイナミズムを多くの人から学び、また支えられ、辛うじて生き抜くことができました。その中で一番感じたことは、当たり前のことですが、社会は人間が作っている、ということでした。この本で説明してきたマクロデータから見える社会の姿など所詮はどこまでいってもデータに過ぎず、そこから直線的に予測される未来など、可能性の一つを示しているに過ぎないのです。本当に社会を作るのは人間たちの営みで、それを正確に予測することなどできません。結局のところ未来を作るのは私であり、皆さんの日々の活動の積み重ねで、それは予測不能です。

そんなわけでこの本の最後は、「ＡＫＩＲＡ」というアニメ映画の中で語られた、人間の可能性を示すセリフで締めたいと思います。

「未来は一方向だけに進んでいるわけではないわ。私たちにも選択できる未来があるはず」

では皆さん、明日からもそれぞれの立場で、より良い日本を作るよう、日々それぞれの立場で一生懸命考えて、働いて、未来を切り開いていきましょう。

おわりに

私はモーニング娘。が好きである。

いつ頃からファンと呼べるほど好きになったかと言うと、2000年ごろからなので、かれこれもう18年近くファンを続けていることになる。モーニング娘。の歴史は「ASAYAN」というテレビ東京の番組のオーディション企画から始まるのだが、当時（1997年）高校1年だった私は、オーディション落選組から必死にメジャーデビューに向けて這い上がろうとする彼女らの姿を、夕食後たまに家族とともに見て楽しむ程度だった。

そのうち大学受験が近づいてきて、受験勉強が本格化するとそれほどテレビを見ることもなくなってきたのだが、ある時久しぶりにASAYANを見たら流れてきたのがかの有名な「LOVEマシーン」だった。そのパフォーマンスを見た瞬間に「なんだこの覚えのない新鮮な感覚、興奮は」とその迫力と斬新さに度肝を抜かれ、それ以降ファンになった。あのLOVEマシーンを初めて見たときの衝撃は今でも忘れられない。

そしてそれ以来、浪人期間も含めて2年間、モーニング娘。は私の受験勉強の間の唯一の楽しみとなった。特に浪人中はほとんど予備校に行かなかったため勉強仲間も少なく、いつも独りでいたので、1週間で笑うのはモーニング娘。の出演している「ASAYAN」や「うたばん」や「ハロー！モーニング。」といった番組を見ている時ぐらいだったので（親も心配していた）、彼女らには精神的に支えられ大いに元気付けられ、東京大学に合格したときは「モー娘。に対する感謝は一生忘れないでおこう」と誓ったことを思い出す。

私はいわゆる「追っ掛け」ではなく、年に数回ライブに行って普段はCDやDVDを買って家で楽しむライトなファンなのだが、以来18年間ファンとしてモーニング娘。を見る中で色々と彼女らの浮き沈みを見てきた。

国民的に名前が知られており20年にもわたる歴史を持つモーニング娘。だが、実は全盛期と言われる期間はそれほど長くない。だいたい結成から3〜7年目（1999〜2003年）にかけての4年間程度だ。むしろ長かったのが、それからの人気低迷期で、

2004〜10年の間は、毎年「今年が最後になるかもしれない」という思いで解散を覚悟して応援し続けていた。CDの売り上げが落ち始め、ライブ会場が年々小さくなり、有名メンバーは卒業していなくなり、出演していたテレビ番組は終了して、2010年にはメンバー数も結成当初と同じ5人にまで減少した。

これに加え2011年にはAKB48というかつてのモーニング娘。を彷彿させる国民的アイドルグループが台頭しはじめ、さすがに古参の私も「モー娘。も今年で本当に終わりかもな……」と思い始めたときに、オーディションで新しいメンバーが加わって彼女らの反転攻勢が始まった。

全盛期を支えた老若男女に受けるアイドルらしさを捨て、これまでライブで培ってきた経験・能力と新メンバーのセンスを融合させ、素人では絶対に真似のできないダンスを前面に出したパフォーマンスをするようになったのだ。ややマニアックな話になるが、低迷期を支えた5期の高橋愛と新垣里沙と新加入の9期の鞘師里保の3人のダンスパフォーマンスを見たときに、「LOVEマシーン」を見て以来12年ぶりに鳥肌がたって、これからモーニング娘。の新しい時代が始まると確信した。

そして2012年以降、道重さゆみという偉大なリーダーとともにモー娘。は「再ブレイク」と呼ばれる浮上期を経て今に至るのだが、その根底にあるのは低迷期で全国区の人気を失っても、ステージで目の前にいるお客さんに対して最大限のパフォーマンスを送る努力を惜しまず日々研鑽を重ねたメンバーの存在である。

現在のモーニング娘。は全盛期のような数百万枚のCD売上を誇ることはないが、それでも10～20万枚規模の安定した売上があり、他のアイドルグループでは真似できないレベルの高いステージパフォーマンスでファンを魅了する。かつてのように国民レベルでの人気を得ることはもうないだろうが、それでも確実に一定層の支持を得ているし、メンバーもファンも新陳代謝する持続可能な仕組みが構築されている。

もの凄く前置きが長くなったが、最近私はこうしたモーニング娘。の歴史と、日本の将来を重ねて考えることが多い。かつて日本経済、日本社会は「Japan as No.1」などと呼ばれ世界全体を揺るがすほどの活力をもっていたが、１９９０年代に入ると低迷するようになり台湾や韓国といった近隣諸国の追い上げに苦しみ、２０００年代に入ると中国に経済規模で追い抜かれ、２０１０年代に入って人口減少と超高齢化という質的な変革の時期を迎え、国際社会からは「これから衰退する過去の国」と思われ始めている。

でもそう思われている今だからこそ、新しい時代が始まるのかもしれない。長らく社会を引っ張ってきた団塊の世代がついに引退し、人手不足の時代が始まり、社会の新陳代謝が本格化する。そういう中で苦しい時期を腐らずに支えてきた団塊ジュニア世代と、過去の日本の栄光を知らない1990年代以降に誕生した新世代が交わったときに、思いもよらない日本の復活劇が始まるのではないかと、モーニング娘。の歴史と重ねて最近結構ワクワクしている。もはや日本がかつてのように世界全体のスーパースターになることはないだろうが、これまで日本が培ってきた経験・能力と、新世代のセンスを組み合わせれば、きっと日本がアジアにおいて、また世界において欠かせないワンピースとなっていく持続可能な枠組みを作っていけるはずだ。

最後の最後なので好き勝手に書かせてもらったが、日本の未来はＷｏｗＷｏｗＷｏｗＷｏｗだし、ファンタジーはこれから始まると私は確信している。

これからの日本が楽しみでならない。

宇佐美典也　1981（昭和56）年東京都生まれ。東京大学経済学部卒業後、経済産業省に入省。2012年に退職、独立。コンサルタントとして情報発信。著書に『肩書き捨てたら地獄だった』ほか。

Ⓢ新潮新書

771

逃《に》げられない世代《せだい》

日本型《にほんがた》「先送《さきおく》り」システムの限界《げんかい》

著　者　宇佐美典也《うさみのりや》

2018年６月20日　発行

発行者　佐　藤　隆　信

発行所　株式会社新潮社

〒162-8711　東京都新宿区矢来町71番地
編集部(03)3266-5430　読者係(03)3266-5111
http://www.shinchosha.co.jp

図版製作　ブリュッケ

印刷所　株式会社光邦

製本所　憲専堂製本株式会社

ISBN978-4-10-610771-9　C0231

価格はカバーに表示してあります。